有趣的汉字王国②

汉字风云会

《汉字风云会》栏目组◎编著
关正文◎总策划

咪咕阅读　海峡出版发行集团 THE STRAITS PUBLISHING & DISTRIBUTING GROUP | 福建教育出版社 青葫芦

本书顾问

（按姓氏首字笔画顺序）

王　瑾
杭州师范大学小学语文
教学法研究所副所长

刘丹青
中国社会科学院语言研
究所所长

刘祥柏
中国社会科学院语言研
究所教授

李山川
汉字科普学者

杨无锐
天津师范大学教授、文
学博士

张一清
教育部语言文字应用研
究所研究员

林志强
福建师范大学文学院副院
长、汉语言文字学博士点、
硕士点学科带头人

程　荣
中国社会科学院语言研
究所研究员、《新华字典》
第 11 版修订主持人

韩田鹿
河北大学文学院教授、硕
士生导师

鲁大东
中国美术学院书法博士

蒙　曼
中央民族大学历史系副教
授、硕士生导师

廖文豪
文化嘉宾

谭景春
中国社会科学院语言研
究所词典编辑室主任

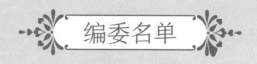

编委名单

丛书主编

沈小玲

丛书副主编

平　颖

分册主编

王红燕

分册副主编

李华玲　孙小华

分册编委

徐　琦　陈小艳　陈小娜　苏海霞
谢春晓　翟永莉　张　美　陶婷婷

思维的密码　微观的世界

　　所有买了这本书的家长都是非常有眼光的家长，所有在看这本书的小朋友都是非常棒的孩子。因为对每一个中国人，汉字都是生命成长的根。这是个坏消息，也是个好消息。

　　坏消息是汉字太难写了。好多老外，学了好多年汉语，中国话说得跟中国人似的听不出多大破绽，一到写汉字就露了馅儿。可见写汉字有多难。所有中国孩子都要把学习阶段的相当一部分精力用到学写汉字上，这个过程有点枯燥，有点漫长。但好消息是所有的中国人都因此成了超人，因为我们掌握了一种由人类发明的、复杂的交流工具。

　　除了汉字，别的文字都只能表示说话的声音，汉字却是在表达词语的意思。人类的祖先在发明不同文字的时候，有很多都是从画画开始的，但是别人都嫌麻烦，后来都改用表音体系了，只有汉字传到了今天。每个字都有自己的历史，每个字都包含着一个思维的密码，每个字都是一个微观的世界。这很了不起。所以学习汉字，比学习其他语言的文字有更多的乐趣和收获。

　　从这个角度而言，这是一本有关字的故事的书。它可以帮助孩子们记住很多汉字和语词，并且让这个过程变得有趣。也许有人会问，我还有那么多数学、英语作业要做，还要学钢琴，还要去游泳、踢足球，认识那么多字有什么用呢？这真是一个糊涂的想法，因为你想做好任何事情，都离不开认识很多字这个基础。

　　这个道理很简单，因为你做的所有事情都需要用脑子。什么叫用脑子呢？就是要体会、要琢磨、要有自己的判断。语言不光是用来说话的，它还是你思考的工具。认识的字少，你的语言就贫乏，你思考的工具就简单。同样是赶路，你光着脚连鞋都没有，能走多远呢？

1

认的字多，就能读懂更多的好书；会写的字多，就能更好地表达你的意思。简单的文字是很难表达复杂的感受和思想的。我们就说吃吧，这很简单是吧？如果你吃到一种别人没有吃到的食物，想跟别人说说有多好吃，可你只会用"香"这一个字，那你的感受可能根本就说不清。你可能需要用到"甜""酸""脆""滑""酥""糯""暄"等等好多可以用的字，你会的越多，就能说得越准。如果你用你发明的新科技发现了新的宇宙，这可比吃到一种新食物伟大多了，但你只会用"美"这一个字来描述你的发现，别人一定会以为你什么都没发现呢。所以，大家应该尽可能认识更多的字，掌握更多的词。

还有一个需要嘱咐小朋友的是，你们的爸爸妈妈为你们买了这本书，可能他们想到的只是让你好好学习汉字。其实，你们学了之后，也可以成为父母的老师。你们可能不知道，人一辈子写字最多的时期，就是你们现在这个上学的阶段。大人们离开学校久了，习惯使用电脑，每天真正拿手写的字都不如你们多。不常写就会忘，所以很多字你们会写，大人不一定会写。你们可以经常拿着书里的字词考考父母，帮助大人进步。

《汉字风云会》希望能帮助小朋友们更加有趣、更加高效地识字、写字。它的成果在这本书中。节目和书的源头都是咪咕智能词库，但却是两条河流。先看节目再看书，像是换了一套风景，两岸的景色完全不同，书里的花花草草更加细腻、立体。先看书再看节目，像是带着风景走进了电影院，每个字词都成了风景中的游戏。

感谢所有的观众和读者。识字和写字是一件应该持续终生而且非常享受的事情。

关正文

2017 年 10 月 18 日

目 录

汉字大闯关 难度3

汉字大闯关 难度4

象 形 字

按照事物的形状画出来。

鱼，甲骨文为""。上面是头，下面是尾，中间的斜线表示鱼鳞。

指 事 字

不能画出来时，就用一种抽象的符号来表示。

刃，甲骨文为""，意思是刀的锋利部分，用"刀"上加一点来示意。

形 声 字

由形旁和声旁组成。形旁表示字的意思或类属，声旁用来提示发音。

娴，形旁是"女"，声旁是"闲"。

会 意 字

两个或两个以上的偏旁组合起来，另造新字。

休，甲骨文为""。一个人在树下歇息。

唉声叹气

因伤感、烦闷或痛苦而发出叹息的声音。

你知道吗？

"唉声"和"叹气"在"唉声叹气"这个成语中，是并列关系的两个词，这种结构的成语，被人们称作联合式成语。在汉语中，此类成语还真不少呢，比如：呼风唤雨、吞云吐雾、惊心动魄、扬眉吐气等。你还能举出类似的例子吗？

举个例子

西卿因县里不见，大是没趣，回到家里，唉声叹气，就同那落第的秀才一般。

〔清〕李伯元《文明小史》

3

割席断交

管宁和华歆（xīn）是很要好的朋友。

有一次，他俩一块儿锄草。管宁锄到一块黄金，他把黄金拣到一旁继续锄草。而华歆却捧起金子仔细端详。管宁见状，提醒他说："钱财应该靠自己的辛勤劳动去获得，有道德的人是不会贪图不劳而获的财物的。"华歆还是舍不得放下金子。后来，他被管宁盯得实在难受，才不情愿地丢下金子去干活，可干活没起先有劲了，还不停地唉声叹气。管宁见了直摇头。

又一次，他俩坐在一张席子上读书。忽然外面传来一阵鼓乐声，他们走到窗前看到原来是一位达官显贵乘车经过。管宁对这些毫不在意，又回到原处专心致志地看书。华歆却嫌在屋里看不清楚，干脆尾随细看。

管宁目睹了华歆的所作所为，感到很失望。等到华歆回来，他就拿出刀当面把席子从中间割成两半，痛心地宣布："我们俩的志向和情趣太不一样了。从今以后，我们就像这被割开的草席一样，再也不是朋友。"

舶来品

进口的货物，也指从海外引进的事物。

汉字风云会
有趣的汉字王国②

4

你知道吗？

"舶"是个形声字，为什么是"舟"字旁呢？因为，"舶"指的是航海的大船，故有船舶一词。"舶来"的意思是用船舶从海外运来，泛指从外国进口或引进。千万不要把"舶来品"写成"泊来品"哦！

举个例子

当提倡国货声中，广告上已有中国的"自造舶来品"，便是一个证据。

鲁迅《伪自由书·从幽默到正经》

汉字故事会

慈禧太后青睐舶来品

慈禧太后是清朝晚期的统治者，她曾长时间垂帘听政，因为她经常居住在养心殿西暖阁，所以被称为西太后。

据史料记载：在每年五月初五（即端午节）这一天，有显赫地位的官宦都会向慈禧太后纳贡。贡品的数量和种类繁多，居家器具、丝绸珍宝应有尽有。慈禧最喜爱的是从国外漂洋过海而来的翡翠。平时，她喜欢佩戴或把玩翡翠。为了收集翡翠饰品，她特地建了一座非常大的宫殿。高兴的时候，她就把饰品取出来，供大家观赏，向旁人夸耀。

她还非常喜欢采购国外的东西，有一对"翡翠西瓜"就购自美国圣地亚哥，瓜皮翠生生、绿莹莹，还带着墨绿的条纹，瓜里的黑瓜子、红瓜瓤隐约可见。据说慈禧对于"翡翠西瓜"爱如性命。她所听的留声机是美国维克多公司生产的全球最早的柜式留声机。她还迷上了西方的马戏、华尔兹舞和照相。

慈禧太后对舶来品的喜爱程度反映了清朝上流社会的奢靡生活。

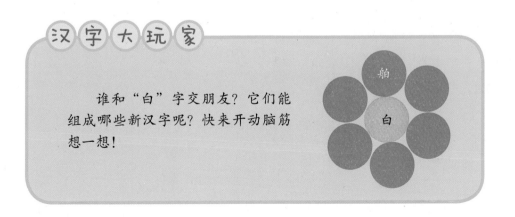

汉字大玩家

谁和"白"字交朋友？它们能组成哪些新汉字呢？快来开动脑筋想一想！

舶
白

【 cù bù jí fáng 】

猝不及防

事情突然发生，来不及防备。

你知道吗？

"猝"是"犭"字旁，本义是狗从草丛中跑出来追人。被狗追咬的人往往处于来不及防备的状态，因此，"猝"字引申为突然发生、出其不意的意思。《西厢记》中写道："张生猝病，红娘与莺往视疾。"意思就是张生突然生病了，红娘和崔莺莺前去探病。

举个例子

敌人给这猝不及防的奇袭动作所怔住了，军心动摇起来。

周而复《白求恩大夫》

处变不惊

夏侯玄是三国时期曹魏的玄学家、文学家。他博学多识、才华出众。

有一次，夏侯玄邀请了一群宾客来家中做客。宾客们想欣赏一下夏侯玄的书法，于是夏侯玄就靠着一根柱子，专心致志地写起字来。可不巧，不久天就下起了暴雨。突然，一个闪电劈了下来，刚好打到柱子上，柱子瞬间就起火了，夏侯玄的衣服一下子被烧着了。

一旁的宾客和随从全都被这猝不及防的一幕吓得站不稳脚，纷纷跌倒在地上。但是，夏侯玄却泰然自若，丝毫没有惊慌的神情，在简单地灭火之后，他依然坚持把字写完。

夏侯玄在突发状况下能够镇定自若，真是处变不惊啊！

汉字大玩家

你会用"cù"吗？

（　）膝长谈　一（　）而就　花团锦（　）　疾首（　）额

酣 然 入 梦

很舒适地进入梦乡。

你知道吗？

"酣"的左边是个"酉（yǒu）"，形状像酒坛；右边是个"甘"，"甘"有甜美的意思，表示酒喝得很畅快。"酣"的本义是酒喝得很尽兴，后来引申为舒畅、痛快，也指尽情地、痛快地。

酣睡和鼾睡都是指熟睡，但有区别。酣睡，是熟睡的意思；鼾睡，指熟睡并打呼噜。

举个例子

当她愉快地想到她马上就会酣然入梦时，她便放声大笑。

〔俄〕列夫·托尔斯泰《战争与和平》

受不了别人睡大觉

宋朝的开国皇帝叫赵匡胤，他先后灭了后蜀和南汉这些小国，然后准备向南唐发动进攻。

南唐的最后一个皇帝叫李煜（yù），他精通诗词、书法、绘画和音乐，是一个非常有才华的人，但他没有什么治理国家的本领。他曾经向赵匡胤表示顺从，以求苟延残喘。可是，赵匡胤在做好充分准备后，还是毫不犹豫地发兵进攻南唐。这时，李煜派使臣去质问赵匡胤："南唐究竟有什么罪过，为何受到如此不公正的对待？"赵匡胤坐在宝座上，正眼都不看使臣一下，冷冷地说："不要啰唆！南唐是没有什么错，不过普天之下就好比朕的家，在我家里的卧榻旁边，怎么能忍受别人睡大觉呢！"

使臣一听，知道没有办法了，只好回去向李煜报告。没过多久，南唐就灭亡了。

汉字大玩家

填一填，写一写

（　）然失笑　　（　）然自得　　（　）然纸上　　（　）然失色

（　）然一笑　　（　）然而生　　（　）然大怒　　（　）然入梦

急就章

为了应付需要，匆忙完成的作品或事情。

你知道吗？

西汉汉元帝时，皇帝很重视幼儿教育，于是下令让一个叫史游的官员去做一件事情——给儿童编写识字课本。史游很下功夫，他负责编写的这个课本，共计有一千三百九十四个字，而且没有一个是重复的。因为这本书最开始的两个字是"急就"，所以，就管这本书叫"急就章"了。

每有所作，率多草草成篇，章名急就。

〔清〕李渔《闲情偶寄》

泰山石敢当的故事

小读者们外出旅行时，经常会看到古代建筑上、石碑上有"泰山石敢当"的字样。

石敢当的故事，最早出现在《急就章》这本书中。

传说，当年黄帝和蚩尤大战，蚩尤很厉害，非常猖狂，登上泰山大呼："天下有谁敢当？"黄帝求女娲来帮忙，女娲投下一块泰山石，大喝一声："泰山石敢当！"蚩尤被吓得立刻逃跑了。后来，黄帝四处雕刻"泰山石敢当"字样，用来震慑蚩尤。

在另外一些传说里，石敢当被说成一个善良、勇敢、力大无比的勇士，他除暴安良，保护一方，所以被老百姓当作大英雄。家家户户把他的名字刻在墙壁上，或者刻在石碑上立在路口，这样妖魔鬼怪都不敢接近。

今天，不仅在中国，东南亚、朝鲜、日本的一些地区，也有人用"泰山石敢当"表达自己对生活的美好祝愿呢！

汉字大玩家

下面的句子都和"急"有关，填一填，写一写。

（1）匆匆忙忙完成的作品我们叫它（　　　　）。

（2）《水浒传》中有一位英雄好汉，性子很急，打仗总是冲在前面，人们叫他急先锋（　　　　）。

（3）白居易在《琵琶行》中描写琵琶弹奏的声音很急促：大弦嘈嘈如（　　　　）雨。

【 lǒng luò 】

笼 络

用权术、手段拉拢控制人。

你知道吗？

"笼"有两个读音，当它读 lóng 时，意思是古代一种盛土的器具，竹子做的，所以是竹字头，如鸟笼、鸡笼等。当它读 lǒng 时，表示将东西装入笼内或拉拢、控制某人某物，如笼罩、笼络等。"拢"的形旁是"扌"（手）旁，表示用手将物聚集在一起，因此，"笼络"是此"笼"而非彼"拢"。

举个例子

谁知这四儿是个乖巧不过的丫头，见宝玉用他，他就变尽方法儿笼络宝玉。

〔清〕曹雪芹《红楼梦》

刘备摔阿斗

13

　　三国时期，刘备在新野一战中以少胜多打败了曹操，曹操便带领五十万大军前来报仇。当刘备的三千人马走到当阳县时，突然被曹兵截住，战到天亮才摆脱曹兵的追赶。此时，刘备已经逃出困境，负责保卫刘备一家老小的赵云却发现刘备唯一的儿子阿斗不见了，于是又杀回乱军中寻找。当他找到阿斗准备往外冲时，曹操派出猛将前来围剿。赵云孤身一人，将阿斗抱护在怀，力战众将，威武勇猛，连杀五十余员曹将，终于带阿斗安全逃离。

　　当赵云将阿斗交给刘备时，刘备为了笼络赵云及所有将士们的人心，不仅没有一把接过孩子抱在怀里，反而立即将阿斗摔在地上。不仅如此，他还指着自己唯一的儿子说："为了你小子，差点让我少了一员大将！"赵云见此情景，立刻被感动得涕泪涟涟，连忙抱起被刘备摔在地上的阿斗，跪着对刘备说："我赵云就是肝脑涂地也不能报主公的知遇之恩啊！"此后，赵云果然说到做到，效忠刘备至死！

汉字大玩家

火眼金睛辨"笼""拢"

合不（　）嘴　　（　）中穷鸟

轻（　）慢捻　　（　）络人心

贸然行事

轻率地、不加考虑地做事。

你知道吗？

　　上古时期人们用贝壳作为货币来交换物品做贸易，因此"贸"下半部分是"贝"字，"贸"最本来的意思是交易、买卖，也就是我们现在说的"贸易"。后来，人们又用"贸"字表示蒙昧不明的样子。有时人们会将"贸然"与"冒然"混淆，而在《现代汉语词典》中没有"冒然"这个词语。

举个例子

他决不肯贸然行事，与李延作对。

熊召政《张居正》

马谡失街亭

公元 228 年，诸葛亮采用声东击西的办法，假装要攻打郿（méi）城。魏军得到情报，果然把主要兵力派去守郿城，却使守在祁山的魏军抵挡不了，纷纷败退。魏明帝立刻派张郃（hé）带领五万人马赶到祁山去抵抗。诸葛亮派马谡（sù）当先锋，王平做副将去应对。

马谡和王平带领人马到了街亭，张郃的魏军也正从东面赶过来。马谡看了地形，对王平说："这一带地形险要，街亭旁边有座山，正好在山上扎营，布置埋伏。"王平提醒他说："丞相临走的时候嘱咐过，要坚守城池，稳扎营垒。在山上扎营太冒险。"马谡没有打仗的经验，自以为熟读兵书，根本不听王平的劝告，坚持要在山上扎营。王平只好央求马谡拨给他一千人马，让他在山下临近的地方驻扎。张郃率领魏军赶到街亭，看到马谡放弃现成的城池不守，却把人马驻扎在山上，马上吩咐手下将士，在山下筑好营垒，把马谡扎营的那座山围困起来。马谡几次命令兵士冲下山去，但是由于张郃坚守住营垒，蜀军没法攻破，反而被魏军乱箭射死了不少人。

马谡在街亭的贸然行事，造成了蜀军的惨败，也最终断送了蜀汉第一次北伐获胜的希望。

【 méi tàn 】

煤炭

用作燃料和化工原料的一种黑色固体矿物。

你知道吗？

"炭"是个形声字，本义为木炭，是木材经过不完全燃烧所残留的黑色燃料。唐代诗人白居易笔下的卖炭翁就是以售卖木炭为生的人。那一句经典流传的"可怜身上衣正单，心忧炭贱愿天寒"，道尽了卖炭翁的辛劳、悲苦与凄凉。

举个例子

凡煤炭，普天皆生，以供锻炼金石之用。

〔明〕宋应星《天工开物·煤炭》

煤炭小趣闻

煤炭，就是煤，它被人们誉为黑色的金子、工业的粮食，它是 18 世纪以来使用的主要能源之一，而中国是世界上最早利用煤的国家。

关于煤的发现，可以追溯到汉武帝时代。当时，汉武帝为了训练水师（海军）打算开凿昆明池。在挖掘昆明池的过程中，人们发现一块黑而发亮又坚硬的石头，大家议论纷纷，都不知道这是什么东西。于是，有人提议呈献给皇帝定夺。汉武帝拿着这块又黑又硬的东西，颠来倒去，看了又看，当然也不知道是什么东西，便找来当时精通文史、足智多谋的奇人东方朔问个究竟。东方朔说他也没有见过，就推说西域来的一位胡僧见多识广，请他来，一定可以找到答案。

费了这么多周折，汉武帝的兴趣越发浓了，立刻派人找来胡僧，问他这块黑石头一样的是什么东西，胡僧便说："此乃前劫之劫灰也。"意思是天翻地覆的大灾难之后的残留物——"劫灰"。"劫灰"二字生动地描述了煤炭的形成，也基本符合今天科学的理解。我们不得不赞叹古人的聪明才智。

猜 谜 语

南边来了个黑大哥，炉里钻来火里坐。
只要火里坐一阵，黑大哥变成红大哥。

（打一物）

美 轮 美 奂

形容新屋高大美观，也形容装饰、布置等美好漂亮。
奂，众多、盛大、光彩鲜明。

你知道吗？

在古代人们用"轮"表示轮囷（qūn）。轮囷是一种圆形的谷仓，在农业社会谷仓是非常重要的，一般修建得十分高大雄伟，所以"轮"就有了高大的含义。"美轮美奂"中的"轮"就是高大的意思。

举个例子

我们经过一个美轮美奂的宏丽华厦的区域，开车的告诉我们说这是西人和本地富翁的住宅区域。

邹韬奋《萍踪寄语》

汉字故事会

饱含深意的贺词

　　春秋时期，晋国有个大夫叫赵武，是个聪明能干的人，深得晋平公的赏识和重用，被任命为正卿（春秋时诸侯国的最高执政大臣，权力仅次于国君）。赵武对内主张和睦，对外提倡礼义，深受百姓的称赞，各诸侯国也都和晋国友善相处。

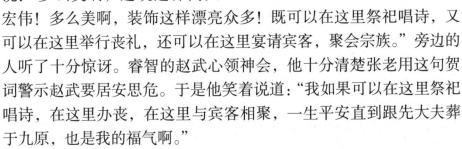

　　有一次，赵武的新家建好了，晋国的大夫们纷纷前往祝贺。大夫张老看了之后激动地说："多么美啊，建筑这样高大宏伟！多么美啊，装饰这样漂亮众多！既可以在这里祭祀唱诗，又可以在这里举行丧礼，还可以在这里宴请宾客，聚会宗族。"旁边的人听了十分惊讶。睿智的赵武心领神会，他十分清楚张老用这句贺词警示赵武要居安思危。于是他笑着说道："我如果可以在这里祭祀唱诗，在这里办丧，在这里与宾客相聚，一生平安直到跟先大夫葬于九原，也是我的福气啊。"

　　后来，人们就把张老说的这句话简化为"美轮美奂"这个成语，用来形容建筑高大华丽，现在也用来形容雕刻或建筑艺术的精美效果。

死皮赖脸

形容不顾羞耻，一味纠缠。

你知道吗？

皮，甲骨文 ，表示野兽的头和身躯， 表示野兽被剥下来的皮，下面的 表示用手剥取兽皮。"皮"字的演变过程：

$$ → → → 皮$$

举个例子

还亏是我呢，要是别的，死皮赖脸的三日两头儿来缠舅舅要三升米两升豆子的，舅舅也就没有法儿呢。

〔清〕曹雪芹《红楼梦》第24回

汉字故事会

死皮赖脸的白来创

21

　　宋朝的清河县，有个大名鼎鼎的"朋友会"，以西门庆为首的十人称为"会中十友"。今天我们要说的是其中最死皮赖脸的一个——白来创。

　　一天，西门庆因为有事情，关门谢客。不一会儿，白来创来了，被西门庆的管家拦在门外，管家告诉他西门大官人不在，白来创不信，闯进庭院中，找了把椅子便一屁股坐下了。说来也巧，不一会儿，西门庆从后院中走了出来，见白来创衣着邋遢，就更没有心思接待了。于是西门庆既不问候，也不上茶，两个人就这么尴尬地坐着。不久，管家来报，衙门官员来访，西门庆借口换衣，自顾自走了。

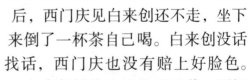

　　白来创还不知趣，躲在西厢房偷看。官员走后，西门庆见白来创还不走，坐下来倒了一杯茶自己喝。白来创没话找话，西门庆也没有赔上好脸色。白来创就这么生生地坐着，西门庆只好让下人准备了一点小菜，白来创图的就是这顿饭，吃饱喝足便起身告辞了。

　　看看这个过程，且不说西门庆对待穷朋友的态度，就说这白来创，也真是"死皮赖脸"到了极致！

相辅相成

互相补充，互相配合。

你知道吗？

"相"甲骨文写成"𣁋"，是上下结构，下面是个"木"字，上面呢，像一只眼睛，在向远处望。这个字的本义是相看、观看，后来引申为互相，"相辅相成"里的两个"相"都是互相的意思。

房谋杜断

唐太宗李世民有两个宰相，一个是房玄龄，一个是杜如晦。那时，唐朝刚开国没多长时间，国家要确立许多法律法规，而这些都是由他们两人商量制订的。人们把他们两人并称为"房杜"。

房玄龄和杜如晦虽然都是唐太宗的得力助手，但是两人却有不同的特点。房玄龄足智多谋，与唐太宗探讨国家大事的时候，总是能够提出许多精辟的建议和办法，但是对于这些建议和办法，他却没有办法取舍，不能做最后的决定。而杜如晦很有决断力，每当房玄龄犹豫不决时，杜如晦就会帮助他对问题进行深入的分析，从而选择出最佳的办法。

"房杜"二人，一个善于出谋划策，一个善于分析决断，所以叫做"房谋杜断"。两人同心合力，为国家做了很多贡献。

举个例子

二派所用手段虽有不同，然何尝不相辅相成。
〔清〕梁启超《初归国演说词》

汉字大玩家

填一填

（　）来（　）往
（　）山（　）海
（　）全（　）美
（　）色（　）香

【yī chóu mò zhǎn】

一 筹 莫 展

一点儿计策也施展不出；一点儿办法也想不出。

24

你知道吗？

　　"筹"本义为古代投壶所用的竹签、竹箭，形状像筷子。引申义指谋略、计策、办法。"展"本指人展衣而坐，就是舒张开衣裳坐下。古人跪坐的时候，要把衣裳先铺开，以免压住衣裳。后来引申为施行、发挥的意思。"一筹莫展"中的"筹"和"展"，采用的都是引申义，不要错写为"一愁莫展"哦！

举个例子

　　目前虽经王和甫那么一激，吴荪甫还是游移，还是一筹莫展。

茅盾《子夜》

不重教育，一筹莫展

蔡幼学是南宋人，他从小刻苦学习，曾拜当时名士陈傅良为师。据说他后来青出于蓝胜于蓝，才学和文章都在他的老师之上。

宋宁宗即位之初，向群臣征求治理国家的意见。宋宁宗难过地说："朝廷里有才学的人这么多，国家怎么还治理不好呢？"

蔡幼学大胆进言："有才学的人虽然不少，但真正有用的好办法却拿不出来。这些年来，有些人到处造谣诬陷好人，使得一些大臣害怕招惹是非而不能好好地施展自己的才能，也使您接触不到有抱负的臣子。治国，可谓是一筹莫展啊！"

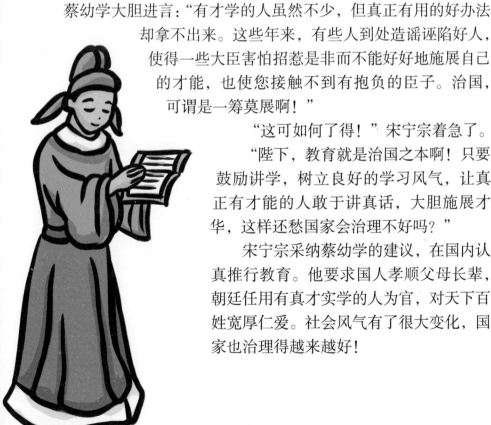

"这可如何了得！"宋宁宗着急了。

"陛下，教育就是治国之本啊！只要鼓励讲学，树立良好的学习风气，让真正有才能的人敢于讲真话，大胆施展才华，这样还愁国家会治理不好吗？"

宋宁宗采纳蔡幼学的建议，在国内认真推行教育。他要求国人孝顺父母长辈，朝廷任用有真才实学的人为官，对天下百姓宽厚仁爱。社会风气有了很大变化，国家也治理得越来越好！

[zhū sī mǎ jì]

蛛丝马迹

蜘蛛的细丝，马蹄的痕迹。比喻隐约可寻的线索和依稀可辨的痕迹。

你知道吗？

关于"蛛丝马迹"中的"马"，到底是真正的马还是一种名叫灶马的昆虫，学界有着不同的解释。灶马是一种穴居于厨房柴灶旁的昆虫，将"马迹"之"马"看作灶马，是强调了"蛛丝马迹"这个成语隐含的"隐约的、依稀可辨的"意思。但是，大多数学者认为"蛛丝马迹"强调的不应只是细微的、隐约可见的特性，而应是有迹可循的、可以顺藤摸瓜的这类特性，所以，将"马迹"解释为马蹄的痕迹，应该更为合适。

举个例子

正是从这些表明我的学识水平的蛛丝马迹中，威尔登博士断定我有资格进哈罗公学上学。

〔英〕丘吉尔《我的早年生活》

27

包公破案

有一天，张小友帮父亲卖完糍粑，不小心睡着了。等他醒来时，发现钱被偷了，就忍不住大哭起来。包公恰好路过此地，得知了缘由。

包公沉吟了一下，便叫王朝、马汉把张小友身边的一块石头抬到一间祠堂里面，说是要审它。老百姓争先恐后地涌进祠堂，都想亲眼看看包大人怎么审石头。结果，任凭包公问啊打啊，石头就是"不招"。

包公笑着说："我看这小张真可怜，大家就每人送他一枚铜钱，好不好？"他叫人在祠堂门口放了一只水桶，自己带头投了一枚铜钱下去，然后坐在椅子上，目不转睛地看老百姓，从祠堂出来的人挨个儿投一枚钱于水桶中。一人、两人……当有一个汉子将铜钱投入水中时，包公大喝一声："把这偷钱的贼抓起来，带上公堂！"

原来，包公"审石头"是假，抓贼是真。他从贼的铜钱中发现了蛛丝马迹，因为张小友是卖油炸糍粑的，铜钱难免沾有油渍，投入水中就会浮现油膜。

老百姓看见包公破案这样神速，都欢天喜地说："我们端州来了一位好清官！"

[bō luò]

剥落

一片片地脱落。

你知道吗？

　　"剥"是个形声字，形旁是"刂"，表面意思是用刀去刻、割，本义是撕裂。后来引申出削去、脱落的意思。除此之外，"剥"还有一个重要的引申义是强行夺取，如：剥夺、剥削。

　　"剥"还有一个发音：bāo。当它读作"bāo"时，表示去掉外面的皮或壳，常在口语中使用，如：剥花生、剥皮。

举个例子

只见剥落的白粉壁上歪歪斜斜地写着淡墨字。

钱锺书《围城》

轻素与轻红

　　唐代牛僧孺在《玄怪录》里记录了一个神奇的小故事。话说有个叫曹惠的人，在自家后园的佛堂里发现了两个美女造型的木偶。木偶雕刻得很精美，只是它们身上的油漆剥落了，看上去有些年头了。于是，他把两个木偶送给孩子玩。

　　一天，曹惠的孩子正在吃饼，突然听到身边传来一个陌生女子的声音："给我一张。"这个孩子大吃一惊，看看周围，除了熟悉的仆人外没有其他人了。这个时候，他又听见另一个陌生的女子说："给我一张。"这孩子一回头，看见是那两个木偶人在讲话，吓得连忙去告诉了曹惠。

　　曹惠见过世面，所以不慌不忙地问了木偶一些问题，这才知道，这两个木偶人一个叫轻素，一个叫轻红，是南北朝时期著名诗人谢朓的木偶。曹惠觉得它们特别有灵性，于是，就让画工重新给它们刷了油漆，送它们去了庐山，据说，轻素与轻红后来当上了庐山山神的妃子。

[bù bēi bù kàng]

不卑不亢

既不自卑，也不高傲，形容待人态度得体，分寸恰当。

你知道吗？

　　"亢"是个象形字。本义指的是脖子，并且可以特指咽喉。因为人的脖子位于人体高处，所以"亢"有"高"的含义，进而引申为高傲、刚强等意思。人的脖子是人体的要害之处，所以"亢"又可以喻指要害之处。

举个例子

　　今天，他碰上了不怕他的人。他必须避免硬碰，而只想不卑不亢地多捞几个钱。

老舍《四世同堂》

朱舜水勇抗安南国王

"圣贤自有中正之道,不亢不卑,不骄不谄,何得如此也!"朱之瑜这番话说得铿锵有力,掷地有声,至今仍有振聋发聩之效。他是"明末清初中国五大学者"之一,与王阳明、黄宗羲、严子陵并称为"余姚四先贤"。曾东渡日本,以故乡"舜水"为号。因他长期在日本传播中国文化,影响深远,世人多尊称他为朱舜水先生。

1657年,朱舜水终于有机会乘船渡海,回国效力。朱舜水一行人行船至安南(现在的越南)停靠,谁知,当时的安南国王久闻这位中国学者的盛名,很想留住朱舜水,让他的才学助自己一臂之力。安南国王一开始热情地许诺朱舜水高官厚禄,同时逼迫他行臣子跪拜礼。谁知朱舜水谨遵中国儒家传统"圣人之道"——富贵不能淫,威武不能屈。身体立得笔直,毫不动摇。旁边的安南臣子见状在沙子上画了一个"拜",朱舜水则加了一个"不"字在"拜"字上。安南国王恼羞成怒,当着朱舜水的面斩杀了许多人,见朱舜水不惧威吓,又将其关押了五十多天,朱舜水始终没有屈节,这年他已经五十八岁了。朱舜水不卑不亢的精神深深影响了一代又一代有气节的中国人。

【 cè yǐn 】

恻隐

对受苦难的人表示同情；不忍。

你知道吗？

　　战国时期思想家、教育家孟子主张"人性本善"，他曾说："恻隐之心，人皆有之。"意思是，同情心是每个人天生都具有的。孔子和孟子提出的中华伦理思想——"仁义礼智"中的"仁"，就是从恻隐之心生发而来的。与"恻隐之心"近义的词语有：悲天悯人、慈悲为怀、怜悯之心；而与"恻隐之心"意义相反的词语有：铁石心肠、落井下石、幸灾乐祸等。

举个例子

　　给他们饭吃，固然也有一二成出于慈善心，就是恻隐心，但是八九成是怕他们，怕他们铤而走险。

朱自清《论吃饭》

齐王舍牛

有一天，齐宣王坐在朝堂上，看见一个差役牵着一头牛，从朝堂下经过。齐宣王就问差役："喂！你把牛牵到哪儿去？"差役说要把牛牵去杀了，用牛的血涂在祭祀（sì）用的钟上，用牛的肉作为祭礼。

宣王看到那头牛似乎在发抖，恻隐之心油然而生，就对差役说："放了它吧！我不忍心看到牛那恐惧颤抖的可怜样子，就好像一个没有罪过的人，被无辜地押上刑场一样。"于是齐宣王就让差役放了牛，换一只羊做祭祀用品。

孟子是我国儒家思想创始人之一，常常游历各国，劝说君王对人民施行仁政。有一次，孟子和齐宣王谈论治理国家的方法。齐宣王问孟子："我有没有做到保护人民、爱护人民，对人民有仁爱之心呢？"孟子就说："大王，你连杀一头牛都不忍心，那么对老百姓一定是很仁爱的了。有了这种仁爱之心，你一定可以在天下称王的！"

后来，"齐王舍牛"这一典故，就用来表示帝王对臣民的恻隐之情。

【 chì zhà fēng yún 】

叱咤风云

怒喝一声能使风云兴起，形容声势和威力极大。

你知道吗？

　　"叱"的本义是大声呵斥、责骂。鲁迅《彷徨·弟兄》："他一听到这低微高兴的吟声，便失望，愤怒，几乎要奔上去叱骂他。"这个句子里的"叱"就是责骂、呵斥的意思。"叱"还有一个引申义是呼喊、吆喝。老舍《骆驼祥子》："好容易等到天亮，街上有了大车的轮声与赶车人的呼叱，他坐了起来。"这里用的是引申义呼喊、吆喝。"咤"的本义是"怒声"，"叱咤"就是发怒声。《西游记》第九十五回："那行者一生性急，那里容得；大咤一声，现了本相。""大咤一声"就是怒喝一声的意思。

举个例子

　　过去也有不少显宦，以及叱咤风云的人物，莅校讲话，但是他们没能留下深刻的印象。

梁实秋《记梁任公先生的一次演讲》

破釜沉舟

　　秦朝末年，各地纷纷起义，反抗暴秦的统治。有一年，秦军三十万人马包围了赵军所在的巨鹿（今河北省邢台市）。楚国派宋义和项羽带领二十万人马去救赵。谁知胆小怕事的宋义听说秦军势力强大，便号令全军原地休息，自己每天在大帐中饮酒作乐。这可把项羽气坏了，他杀了宋义，带着部队去救赵。

　　项羽下令士兵每人带足三天的口粮，又下令砸碎行军做饭的锅。将士们都愣了，项羽说："没有锅，我们可以轻装前去，立即挽救危在旦夕的赵国！至于吃饭嘛，让我们到秦军军营中取锅做饭！"大军渡过了漳河，项羽又命令士兵把渡船全都砸沉，同时烧掉所有的行军帐篷。士兵们一看退路没了，这场仗如果打不赢，就谁也活不成了。

　　项羽指挥将士同秦军展开了九次激烈的战斗。楚军个个如下山猛虎，奋勇拼杀。沙场之上，烟尘蔽日，杀声震天，诸侯军人人战栗胆寒。项羽在打败秦军以后，召见诸侯将领，当他们进入军门时，一个个都跪着用膝盖向前走，没有谁敢抬头仰视。

　　从此项羽就做了上将军，诸侯的军队都归他统率。叱咤风云的项羽被称为"西楚霸王"。

打烊

商店晚上关门停止营业，后引申为歇业。

你知道吗？

"烊"本义是烘烤，引申义是围到火边取暖烤火。"打烊"意思是饭店、酒楼关门后，把火炉里的火打灭。后来就把商店关门停止营业称为"打烊"了。

举个例子

原先只想卖了油绳赚了利润再买帽子，没想到油绳未卖之前商店就要打烊。

高晓声《陈奂生上城》

廖日敬巧对留宿

清代乾隆年间，广东建成有个举人叫廖日敬。有一天他去拜访朋友，回来时天上突然下起了倾盆大雨，万般无奈之下便跑进一家酒店避风雨。

酒店的主人原本是个读书人，他实在看不惯当时官场的腐败，就弃儒经商，开起了小酒店。这个店主对有真才实学的人极其欣赏，并愿与之相交，但对那些欺世盗名的人，就没那么好了。他见廖日敬的打扮很书生气，就打算一试，说道："兄台一表人才，一定满腹诗书啊。我有一上联，兄台如果能对上，我会美酒好肉招待，让你住宿；若对不上，小店是要打烊的。"

廖日敬从小就饱读诗书，怎么会害怕对句呢？于是马上应下来。店主人大声吟道："落更风，黄昏入屋。"廖日敬此时正听得豆大的雨珠敲打在窗子上，啪啪啪地响，便灵机一动接道："狂暴雨，白昼敲窗。"店主人听后开心坏了，急忙请他入座。问了姓名之后，店主人很是惊讶，说："我说是谁，如此有才，原来是大名鼎鼎的廖才子啊，失礼失礼！"

正因为廖日敬机智地对上了酒店主人的上联，才得以留宿，否则酒店主人真打烊的话，他就要流落街头淋成落汤鸡啦！

订书机

用于装订单页纸张或册或信件、包装袋封口的工具。

你知道吗？

　　"订"字容易和"钉"字混淆。"钉"本指冶炼而成的饼块状黄金，所以是"钅"（金）字旁，可以用来表示钉子或楔子打入他物，把东西固定或组合起来，如钉马掌、钉箱子。"订"是"讠"（言）字旁，本义是评定、订立、约定，由此引申出装订的含义。"订书机"一词中用的就是"装订"之义。

举个例子

　　他所改正的讲义，我曾经订成三厚本，收藏着的，将作为永久的纪念。

鲁迅《朝花夕拾·藤野先生》

韦编三绝

春秋时的"书"，主要是以竹子为材料制造的：把竹子破成一根根竹签，称为竹简，用火烘干后在上面写字。竹简有一定的长度和宽度，一根竹简只能写一行字，多则几十个，少则八九个。一部书要用许多竹简，这些竹简必须用熟牛皮绳子之类的东西（韦编）连起来才能阅读。

孔子到了晚年，喜欢读《周易》。像《周易》这样的书，当然是由许许多多竹简编连起来的，因此有相当的重量。孔子花了很大的精力，把《周易》全部读了一遍，基本上了解了它的内容。不久又读第二遍，掌握了它的基本要点。接着，他又读第三遍，对其中的内涵、实质有了透彻的理解。在这以后，为了深入研究这部书，又为了给弟子讲解，他不知翻阅了多少遍。这样读来读去，把串连竹简的熟牛皮绳子也给磨断了数次，不得不多次换上新的再使用。

即使读到了这样的地步，孔子还谦虚地说："假如让我多活几年，我就可以多理解掌握《周易》的文字与内容了。"

"韦编三绝"表示串联竹简的绳子被多次弄断，用以形容读书刻苦勤奋。

汉字大玩家

汉字真有趣，读一读下面这篇字谜儿歌吧。

有口细叮咛，有金墙上钉，
有眼盯着看，有言可订正，
有厂进大厅，该用哪个字，仔细要分清。

（打一字）

【 fēng yú 】

形容人体态丰满，有时也指土地肥沃、丰饶。

你知道吗？

丰，甲骨文中写成""，像不像一个土堆上长着一棵树？是的，这个字本来是指种在田埂上作为地界标志的树。后来引申为草木茂盛，又引申为丰满。丰腴这个词有别于肥胖，它形容人的体态健康滋润，胖瘦得体，匀称适中。

举个例子

你与下官分别之后，不瘦也罢了，为甚么倒丰腴润泽起来。

〔清〕李渔《慎鸾交·悲控》

杨贵妃与《霓裳羽衣曲》

杨玉环是中国古代四大美女之一，她通晓音律、擅长歌舞，是唐玄宗李隆基最宠爱的妃子。

相传，有一次，李隆基梦见月宫中身穿霓裳羽衣的仙子在优美的乐曲中翩翩起舞。当他醒来后，对梦中的情景还记得清清楚楚。于是，他将梦中的乐曲记录下来，让乐工演奏，这就是著名的《霓裳羽衣曲》。

《霓裳羽衣曲》谱成后，唐玄宗令爱妃杨玉环设计舞蹈。在舞蹈中，杨玉环除了表现传统舞蹈技艺，还融合了西域胡旋舞的回旋动作，使整个舞蹈轻柔飘忽。

在一个盛大的节日上，《霓裳羽衣曲》迎来了它的首场演出。当细腻优美的仙乐奏起，杨玉环依韵而舞，她丰腴的身段飘摇、翻跃，舞姿翩翩，宛如仙女下凡。

她的舞姿与乐曲完美地融合，令人目不暇接。

这支舞最终成为唐代乐舞的精品，白居易曾称赞此舞："千歌万舞不可数，就中最爱霓裳舞。"

隔阂

阻隔，隔膜，指彼此情意沟通的障碍、思想上的互不了解。阂，阻隔不通。

你知道吗？

"隔"小篆 𨻳 ，左边的这个"阝"字是一个象形字，横着看就像一座小山丘。甲骨文的写法如下图，很形象。所以用这个字旁的字很多都与山形、地形有关，比如"陵（大山）""阿（大陵）""阴（山之南）""阳（山之北）""隅（山之角落）"。

举个例子

多少年来在各民族间造成的隔阂和冤仇逐渐消失，互相建立起手足般的感情。

杨朔《滇池边上的报春花》

六 尺 巷

六尺巷，位于安徽省桐城市区的西后街，巷子的南边曾为宰相府，巷子的北边曾是吴氏住宅，全长100多米，宽2米，均由鹅卵石铺就。巷子由来有着一段脍炙人口的佳话。

清康熙年间，张英在朝廷当文华殿大学士、礼部尚书，老家桐城的老宅与吴家为邻居，两家院子之间有一条巷子，供双方

出入。有一年，吴家要盖房子，想要霸占这条小路。张家的人不同意，两家争执不下，闹到了县衙门。因为张、吴两家都是声望很高的家族，县官左右为难，迟迟判不下来。

张家的人一气之下写了一封信，把这件事禀告给了远在京城的张英，希望张英能够出面把事情解决了。张英看了信后，不赞同家人为了夺地而闹到官府的做法。于是，在家书上写下了四句诗："千里来书只为墙，让他三尺又何妨？万里长城今犹在，不见当年秦始皇。"管家明白了张英的意思，让出了三尺地。吴家人见了感到愧疚，也向后退了三尺地。从此，张、吴两家消除了隔阂，张家和吴家之间多出了一条长百余米、宽六尺的小巷子。这就是"六尺巷"的由来。

[**huàn yǎng**]

喂养或驯养牲畜，比喻人被收买并利用。

你知道吗？

"豢"是个形声字，它的形旁是最下面的"豕 (shǐ)"。"豕"就是猪，甲骨文写做"🐷"，张着嘴巴，肥肥的肚子，下垂的尾巴，看起来像不像一只猪？甲骨文还有一个字写做"🐕"，跟"🐷"差不多，但身子比较瘦，尾巴是向上翘起的，这是"犬"字。犬，也就是狗，在大多数的情况下，它的尾巴是不是翘的呢？

 举个例子

后因象疯伤人，遂不豢养。

〔清〕富察敦崇《燕京岁时记·洗象》

董父豢龙

相传，黄帝有个后代叫董父。他能文能武，不仅会腾云驾雾，而且还会养龙、驯龙。

龙很难豢养，只饮甘泉水，董父便到处找甘泉。后来，董父发现了一处甘泉，那里的水清澈明亮，是豢龙的好地方。于是，董父就在这里豢养了很多龙，金龙、赤龙、青龙、白龙、乌龙都有，它们都被董父驯服得像牛马那么温顺。闹旱灾的时候，龙就被董父派去行云布雨；平时，董父只允许它们在湖里规规矩矩地生活，不能出去兴风作浪。

因为董父豢龙有功，当时部落的首领舜帝就把这块地方送给了他，将这处甘泉取名为"董泽湖"。

后来，董父被舜帝请去当了宰相。他每天要处理很多政务，没有太多精力去照管自己的龙了。一年秋天，暴雨成灾，董父发现原来是自己养的小龙们胡乱折腾，造成灾害。于是，他不顾年老体衰，日夜驯服那些小龙，没过多久，龙又被驯服得服服帖帖，华夏大地又是风调雨顺了。

[hūn jué]

昏厥

医学名词，通常表现为突然昏倒，不省人事。

你知道吗？

　　"日"字甲骨文写做"⊖"，是个象形字，像太阳的形状。太阳早上从东边升起，经过一天的时间，从西边落下，所以许多带有"日"的字，意思都跟时间有关。比如"朝"字的中间是"日"，表示早上；"暮"字中也有"日"，意思是傍晚。这里的"昏"字下面也有"日"，意思是黄昏，就是天刚黑的时候。天色昏暗，视线模糊，可以引申为头脑糊涂、神志不清。"昏厥"里的"昏"，用的就是这个引申义。

举个例子

　　　由于失血过多，他一时陷于昏厥状态。

魏巍《东方》

三气周瑜

　　"三气周瑜"是《三国演义》中的一个故事。周瑜是三国时期吴国的大将，他才智过人，在赤壁大战时，以少胜多，大破曹操百万雄师。但周瑜有一个致命的缺点，就是心胸狭窄。

　　赤壁大战之后，周瑜和诸葛亮都想去夺取南郡。他们约定：周瑜先对南郡发动进攻，如果他失败了，诸葛亮再去攻打。

　　周瑜信心满满地去攻打南郡，但是他第一次进攻就失败了。而诸葛亮却在周瑜牵制曹军之际，趁机夺取了南郡。诸葛亮此举既没有违背与周瑜的约定，又夺取了地盘。周瑜知晓后，气得旧伤复发，昏厥了过去。

　　此后，诸葛亮又与周瑜进行了两番较量——第一次，周瑜假意要将孙权之妹孙尚香嫁给刘备，想将刘备骗至江东，但在诸葛亮的周旋之下，孙尚香真的嫁给了刘备，周瑜是"赔了夫人又折兵"；第二次，周瑜假装借道荆州帮助刘备攻取西川，实际想趁机攻取荆州，但此计却被诸葛亮识破了。

　　三次被诸葛亮占了上风，周瑜又气又急，加之他旧伤复发，最后不治身亡，年仅36岁。

犄 角 旮 旯

角落，狭窄偏僻的地方。方言，也称"犄里旮旯""叽里旮旯儿"。

你知道吗？

牛、羊、鹿等雄性哺乳动物，头上都有一对巨大而弯曲的角，顶端尖尖的，叫犄角。犄角不仅是它们竞争中的武器，有利于战斗和防御，还可以直接向雌性展示自己身体的强大，起到威吓对方的作用。

举个例子

黄允中也真的急了，带着大女儿和大女婿，年也不过啦，打着灯笼找遍了女子中学的每一个犄角旮旯，又问遍了每一个亲戚朋友，还是没有找到他最心爱的二妞儿。

《花城》1981年第 6 期

汉字故事会

老天津的犄角旮旯：海河渔家的故事

　　《老天津的犄角旮旯》是王和平先生记录老天津民俗的一个专栏。王先生整理了很多不为人知或者渐渐被人淡忘的老天津角落里的故事，所以起名为"老天津的犄角旮旯"，其中海河渔家的故事很有趣。

　　有一位叫李文彬的老大爷，整整五代人都生在海河的船上，长在船上，以捕鱼为生，以海为家。小时候，他和兄弟姐妹们喜欢在船上玩，因为调皮，常常一不小心就掉进水里。后来，他们每人每天都背着一个大葫芦，一旦掉到河里，葫芦就会漂起来，这个葫芦就是土制的救生圈。

　　李大爷能把海河里的鱼的名字背得滚瓜烂熟：鲤鱼、白鱼、莲子鱼、刀鱼、银鱼……特别是刀鱼，每年夏天特别多。他印象中捕到的最大的一条鱼，长近两米，重29.5斤。当时他用麻袋装着背到"官银号"去卖，结果收鱼的人故意少称了一斤多分量，他是敢怒不敢言。

　　1949年天津解放时，李大爷一家躲在海河岸上的防空壕中，渡过了险关。他住过三条石附近的平房，两间平房里最多住过十几口人。今年19岁的孙女就是在平房里出生的。在2003年，他住进了80多平方米的楼房。他笑着说："我和大多数人不一样，我现在常和别人说，我这辈子真是步步登高、连升三级！"

[jiāng dòu]

豇豆

俗称"豆角"，豆荚细长，是一种常作蔬菜食用的豆类。

你知道吗？

"豇"是形声字，形旁是"豆"，声旁是"工"，它在字典里只有一个解释，那就是豇豆，相信你不会把它写成"缸"了，对吗？

豇豆耐热性强，在夏季 35℃以上高温仍能正常结荚，但它不耐霜冻，在 10℃以下较长时间，生长会受抑制。豇豆含有维生素 B、C 和优质植物蛋白质，容易被消化吸收，因此有人称豇豆是"蔬菜中的肉食品"。如果你是个不爱吃肉的人，那就多吃豇豆吧。

举个例子

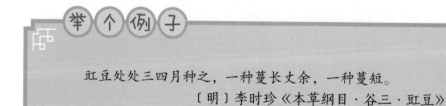

豇豆处处三四月种之，一种蔓长丈余，一种蔓短。

〔明〕李时珍《本草纲目·谷三·豇豆》

"豆中上品"豇豆

豆类在国人的菜谱里，一直有很高的地位，豇豆则名列前茅。李时珍在《本草纲目》中这样赞美它："此豆可菜、可果、可谷，备用最好，乃豆中之上品。"

作为"豆中上品"，苗条的豇豆还出现在不少文学作品中。宋代大诗人苏东坡、清代诗人吴伟业都写过豇豆诗，《红楼梦》里还有一则关于豇豆的故事。

那天，刘姥姥初次进大观园，吃饭的时候贾母对她说了声："请。"刘姥姥站起来说道："老刘，老刘，食量大如牛，吃个老母猪不抬头。"就这一句话，史湘云撑不住，一口饭都喷了出来；林黛玉笑岔了气，伏着桌子喊"嗳哟"；宝玉早滚到贾母怀里。刘姥姥的到来给大观园添了不少生气。不过贾府上下都喜欢吃的可不是老母猪，而是刘姥姥从乡下带来的豇豆干，它与猪肉红烧后，味道特别鲜美。

刘姥姥走的时候，贾府的人特地嘱咐她下回再来时带些豇豆干等乡下干菜来。

【 jiàng zuǐ 】

犟嘴

顶嘴；强辩。

你知道吗？

　　"犟"是个形声字，意思是固执、不服劝导。有"犟"这个字之前，一直都是用"强"来表示上述意思，所以"犟嘴"和"强嘴"通用。"犟"加了一个"牛"部，其实是很有意思的，平时任劳任怨的牛要是发起脾气来，那会固执得不可想象，所以人们用"牛脾气"来形容固执、不知变通的人。"犟嘴"比"强嘴"更生动地表现了人物的性格和脾气。

举个例子

　　小虎见那孩子非但不服输，反而气势汹汹地问起自己来，便气得进一步抢到他跟前，指着他鼻子道："你还犟嘴！"

茹志鹃《鱼圩边》

高跷赶犟驴

在过去交通不便的时候，尤其是陕西秦岭一带，骑驴成为人们出行的方式。智慧的劳动人民由此发展出一种民间艺术：人以及人扮演的驴都踩着一尺多高的高跷进行表演，这就是高跷赶犟驴。表演的情节是这样的：老少两对夫妻都赶着驴出行，在狭窄的山路上互不相让，人犟，驴也犟，山路之上，险象环生。到后来，两对夫妻意识到一味相争只会两败俱伤，于是醒悟过来，互相谦让，人也平和，驴也平和了。欢欢喜喜、平平安安走过了崎岖的山路。

这项民间艺术最大的特色是高跷险、无台词、表情丰富、动作优美，"犟"就是表演的中心和主题。细细高高的高跷看着就很刺激，加上演员惊险娴熟的动作、惟妙惟肖的表情，让观众沉醉其中，赞叹不已。因此这项民间艺术一直在当地流传了600多年，在1994年的时候还曾经登上过中国春晚的舞台，并代表中国到欧洲进行艺术交流，不愧是传统民间文化的典范。

汉字大玩家

趣味填字

不少汉字以动物名作偏旁，它的意思也往往与这个作偏旁的动物有关。如牛是农耕时代的重要工具（牛部）：lí（　　）地，放mù（　　）；马是古代主要的交通工具（马部）：行 shǐ（　　），jià（　　）车；羊温顺、美好（羊部）：上（　　）若水，吉（　　）如意。

娇 嗔

（年轻女子）娇媚地嗔怪。通常在情侣之间使用。

你知道吗？

　　"嗔"是个形声字，本义是发怒、生气。唐代诗人李贺"男儿屈穷心不穷，枯荣不等嗔天公"中的"嗔"用的就是本义，充分表现了诗人虽才华不得施展，但积极乐观、奋发有为的壮志豪情。

　　"嗔"由发怒、生气引申为对别人的言语或行动表示不满意、怪罪。比如唐代顾况在《田家》中写到的"县帖取社长，嗔怪见官迟"。

举个例子

　　问郎花好奴颜好，郎道不如花窈窕。佳人见语发娇嗔，不信死花胜活人。

〔明〕唐寅《妒花歌》

袭人试探宝玉心意

　　一天，宝玉因吃了两杯酒，就昏沉沉地倒头睡了。天亮醒来时，他看到袭人衣服没脱，趴在被上睡着。宝玉心生怜爱，一边推，一边说："你先起来，脱了衣服再好好睡，否则会冻着的。"推了几下，宝玉见她没回应，就伸手替她解扣脱衣，袭人推开宝玉的手，又自行扣上。宝玉无奈地问："你到底怎么了？"一连问了几声，袭人才睁开眼说："我也不怎么。你醒了，就去那边（宝钗）房里梳洗，再迟了就赶不上……"宝玉明知故问："让我上哪儿去？"袭人假装冷淡地说："你问我，我又哪里知道呢？你爱去哪儿，就去哪儿。从今往后，你我保持距离，以免有人争风吃醋，遭人笑话……"宝玉连忙赔着笑，说："过去的事，你还记着？"袭人不依不饶："一百年都记着！哪像你，把我的话当耳旁风，夜里说了，早上就忘。"宝玉看袭人娇嗔满面，情不可禁，就从枕边拿起一根玉簪，摔成两段，发誓说："我若再不听你话，就像这个一样。"袭人急忙拾起簪子，心疼地照顾宝玉起来梳洗打扮去了。

快乐挑战营

　　以"真"为声旁的形声字有很多，如：填、嗔、镇、稹、缜、嗔、颠、癫、慎……

　　请选用这些形声字编一个有趣的小故事，比比谁的故事有趣，用上的字多。

【 jīng hóng yī piē 】

惊 鸿 一 瞥

美女或所仰慕的女子动人心魄的目光。

你知道吗？

"瞥"是个形声字，形旁是"目"，意思是快速地看一下。需要注意的是，"瞥"是一种无意间的短暂扫视。"目"字旁还有哪些字有"看"的意思呢？还有盯、瞪、瞅、瞄，等等。

举个例子

其形也，翩若惊鸿，婉若游龙，荣曜（yào）秋菊，华茂春松。

〔三国〕曹植《洛神赋》

陆游与唐婉

　　南宋时有个文学家叫陆游。相传，陆游与当时的才女唐婉结为了夫妻。但是，陆游的母亲对唐婉非常不满，逼陆游休妻。二人被迫分离后，唐婉改嫁皇族宗室赵士程。

　　十年后的一天，唐婉来到沈园游玩。无意间瞥见了一个熟悉而落寞的身影，那正是陆游。于是，唐婉便派人给陆游送去了美酒佳肴。陆游感慨万分，趁着酒醉在墙壁上题了一首词。这首词写尽陆游的思念和悔恨，唐婉读后肝肠寸断，也写了一首词应和。不久，唐婉抑郁而死。

　　四十年后，陆游重游沈园，他怀着对唐婉的思念，含泪写下《沈园》一诗纪念唐婉：

　　城上斜阳画角哀，
　　沈园非复旧池台。
　　伤心桥下春波绿，
　　曾是惊鸿照影来。

　　桥下春水依然碧绿，想起唐婉当年美丽的身影，已经年迈的诗人还是难以抑制心中的哀痛。

鸠占鹊巢

不做窝的鸠占据鹊的巢，现在多用于比喻强占别人的位置，或者强行坐享别人的成果。

 你知道吗？

"鸠"和"鸩（zhèn）"：鸠是一种外形像鸽子一类的鸟，常见的有斑鸠。鸩是传说中一种有毒的鸟，用它的羽毛泡的酒，喝了能毒死人。

"鸠"和"鹊"：古籍中记载鸠不善于筑巢，因此要占据其他鸟的巢。鹊鸟善于筑巢，筑的巢很坚固。由于鸠不善于筑巢，便有了"鸠拙"这个用于自谦的词——谦虚地说自己愚笨。

 举个例子

我自出钱租宅，汝何得鸠占鹊巢？

〔清〕纪昀《阅微草堂笔记·如是我闻（四）》

王苏谈"鸠"

北宋时期，王安石热衷于研究字源学，然而他的字源学总是违反汉字构成的基本原则，完全凭借个人想象来解释，往往喜欢在字的意义上找趣谈。而苏东坡则善于用"反证论法"来解释字。

一天，苏东坡问王安石，"波"怎么解释，王安石回答："水之皮。"

苏东坡马上说："那'滑'岂不是水之'骨'了！"又一次，王安石问苏东坡斑鸠的"鸠"怎么解释。苏东坡说："《诗经》上说，一公一母两只鸤鸠（shī jiū）（布谷鸟）停在桑树上，它们的孩子共有七个（编者注：尸鸠在桑，其子七兮）。这一公一母两只鸟加上七只小鸟一共是九只鸟，所以'鸠'的左边一个九，右边一个鸟啊。"王安石深表赞同，过了好一会儿，才醒悟过来，是苏东坡在戏弄他。

当时的学者都批判王安石的字源说糟不可言，而他流传下来的字源说也都成为了茶余饭后的笑谈。可见，形声字不能乱会意，要有缘有本。

[jù bò]

巨擘

大拇指，比喻在某一方面居于首位的人物。

你知道吗？

　　"擘"是个形声字，本义是分开、剖裂。李白《西岳云台歌送丹丘子》中"巨灵咆哮擘两山，洪波喷箭射东海"的"擘"，就用了本义。黄河之水奔腾咆哮，如巨神般力掰华山和首阳山。湍急的水流拍击着岸石，一泻千里，径直向东海流去。"擘"又指大拇指，进而引申为比喻优秀人物。

举个例子

　　于齐国之士，吾必以仲子为巨擘焉。

《孟子·滕文公下》

苏东坡与佛印的故事

　　苏东坡是北宋词坛的巨擘。相传，苏东坡和杭州圣山寺的佛印和尚最要好，两人一起饮酒作诗之余，还常常开玩笑。

　　一天傍晚，苏东坡与佛印泛舟江上。时值金秋时节，大江两岸，景色迷人。饮酒间，佛印让东坡出个诗句。苏东坡向岸上看了看，用手一指，笑而不说。佛印随所指望去，只见岸上有条大黄狗正狼吞虎咽地啃吃骨头。佛印知道苏东坡在开玩笑，就呵呵一笑，把手中题有苏东坡诗句的折扇抛入水中。两人心照不宣，拊掌大笑。原来他们是作了一副双关哑联。东坡的上联是：狗啃河上骨（狗啃和尚骨）；佛印的下联是：水流东坡诗（水流东坡尸）。

　　又一天，苏东坡先生去找佛印下棋，刚刚走进寺庙，东坡先生高喊一声："秃驴何在？"只听见佛印和尚回答："东坡吃草。"旁边人都一愣，他俩却哈哈大笑起来。东坡是笑话佛印的秃头，所以喊："秃驴何在？"佛印回他："东坡吃草。"是在说苏东坡是驴，并且在"东坡吃草"呢。当然，这只是朋友之间的调侃罢了，并无恶意。

【 lóng tì 】

笼 屉

蒸笼，是古老的传统手工艺品，属于炊具。以竹、木、铁皮等制成，主要用来蒸制食物。

62

你知道吗？

笼屉的雏形是古代的甑。制作笼屉的主体材料为木料和竹席，上好的笼屉是用东北椴木或柳木，经过几十道工序制作而成的（见右图）。在普遍使用地灶、铁锅的年代，笼屉曾经很普及。但随着旧式地灶、大铁锅的淘汰，以及铝制、钢制笼屉的产生，现在除了一些茶楼有着传统的竹、木笼屉，它已经渐渐退出了人们的日常生活。

举个例子

（她）跟他们混得熟极了，她哪一天不吃着他们那大笼屉里蒸的大窝窝头！

冰心《冬儿姑娘》

狮驼岭遇险

话说唐僧师徒四人被狮、象、鹏三魔王抓进妖洞后，小妖们五个打水，七个刷锅，十个烧火，二十个抬出铁笼来，要把师徒四人蒸熟给分吃了。

这时，一个小妖说："大王，猪八戒皮厚，不好蒸啊！"猪八戒听后很开心，说："阿弥陀佛，我老猪是皮厚，不好蒸，嘿嘿……"另一个小妖说："不好蒸，扒了皮就好蒸了。"猪八戒慌了，厉声喊道："不，不扒皮也好蒸，汤滚了就烂啦！"老妖说："不好蒸的，放在底下一格。"孙悟空听了哈哈大笑道："八戒莫怕，凡是蒸东西，都是从上边先开始的。"正讲时，有小妖来报："汤滚了。"老妖急忙传令叫抬。众妖一齐上手，将八戒抬在底下一格，沙僧抬在二格。孙悟空估计着来抬他了，就拔下一根毫毛，吹口仙气，叫声："变！"即变做一个自己，捆了麻绳，将真身出神，跳在半空里，低头看着。那群妖不知真假，见人就抬，把假孙悟空抬在三格，再将唐僧揪住翻倒捆住，抬上第四格。

顿时干柴架起，烈火气焰腾腾……

【 miǎn tiǎn 】

腼 腆

因怕生或害羞而神情不自然。

你知道吗？

"腼""腆"二字都是形声字，它们组合成联绵词"腼腆"。联绵词有三种类型，其中一种是叠韵词，即两个音节的韵母相同。"腼腆"就属于叠韵联绵词，"腼"和"腆"都是"ian"韵。类似的叠韵联绵词还有"骆驼""逍遥""迤逦"等。

举 个 例 子

那天晚上，在她的楼里，谈了半点钟的话，惊心于她的腼腆与温柔。

冰心《寄小读者》

宁国府宝玉会秦钟

一日，宝玉要王熙凤带上他到宁国府逛逛，恰巧秦可卿的弟弟秦钟当日也来到了宁国府。秦可卿就介绍秦钟给宝玉认识。

大家闲聊着，不一会儿，贾蓉带进一个小后生来，较宝玉略瘦些，眉清目秀，举止风流，似在宝玉之上，只是怯怯羞羞，腼腆含糊，慢向凤姐作揖问好。凤姐喜得先推宝玉，笑道："比下去了！"便探身一把牵了这孩子的手，让他坐在自己身旁，慢慢地问他：几岁了，读什么书，弟兄几个，学名唤什么。秦钟一一答应了。

那宝玉自见了秦钟的人品出众，心中似有所失，思量道："天下竟有这等人物！可恨我为什么生在这侯门公府之家，若也生在寒门薄宦之家，早得与他交结，也不枉生了一世。我虽如此比他尊贵，可知锦绣纱罗，也不过裹了我这根死木头，美酒羊羔，也不过填了我这粪窟泥沟。'富贵'二字，不料遭我荼毒了！"

秦钟自见了宝玉形容出众，举止不凡，更兼金冠绣服，也思索道："果然这宝玉怨不得人溺爱他。可恨我偏生于清寒之家，不能与他交往。"二人一样的胡思乱想。忽然宝玉问他读什么书。秦钟见问，因而答以实话。二人你言我语，十来句后，越觉亲密起来。

汉字大玩家

汉字里，很多"月"字旁的字用来表示人身体的某一部分或者人的某种情状，比如这里的"腼腆"是人的一种情状。你还能想出这样的词吗？在你的词汇宝库里寻找吧！

【mó ceng】

磨蹭

（轻微）摩擦；也指缓慢地向前行进，形容做事动作迟缓。

你知道吗？

"磨"是一个形声字，形旁是"石"，声旁是"麻"。本义是磨冶石器，后引申为拖延，如：磨蹭。"蹭"也是一个形声字，形旁是"足"，声旁是"曾"。本义是抹，擦，如：把手蹭破了。后引申为行动拖拉，慢慢地走，如：别蹭时间了，快去吧！"磨蹭"一词，引申为行动拖拖拉拉，慢慢吞吞。

他挥动着匣枪又跟上一句："快！别磨蹭！"

郭澄清《大刀记》

一匹爱磨蹭的马

　　从前，有两匹健壮的马各拉一辆大车。前面的一匹走得很快，似乎有使不完的劲儿，一直向前迈进。而后面的一匹走走停停，停下来之后，便故意在那里磨蹭，在主人的催促声中，才缓慢地向前迈几步。于是主人就把后面一辆车上的货物挪到前面一辆车上，等到后面那辆车上的东西都搬完了，后面那匹马便轻快地前进。

　　它一边走，一边得意洋洋地对另一匹马说："哈哈哈，你看你多傻，成天就知道埋头干活、奔跑。你越是努力使劲干活，人家就越是欺负你、折磨你。你看我，现在多自在，多轻松！"

　　到了车马店的时候，主人自言自语地说道："既然用一匹马就能拉完这些货物，我干吗要养两匹马呢？还不如好好地喂前一匹马，把另一匹宰掉，这样还能拿一张皮去换点银子呢。"于是，他就把那匹总爱偷懒的马宰了。

魔怔

举动异常，像有精神病一样。怔，发愣，发呆。

你知道吗？

　　"怔"是"忄"（心）字旁，心字旁的字一般都与精神状态有关。"心"这个字的字形演变是这样的（如下图），最初的时候就像一个心脏的形状。后来渐渐简化成"心"或作为偏旁部首的"忄"。古代人类普遍认为思维的器官在心不在脑，这是一个值得探究的问题。

商　西周　春秋　春秋　战国　秦　《说文》小篆　汉

举个例子

宝玉怔了半天，方想过来。

〔清〕曹雪芹《红楼梦》

香菱学诗

香菱来到大观园和薛宝钗做伴，认识了府里的许多姐妹，开始学习写诗。

一天，吃过晚饭，香菱独自去了潇湘馆，拜黛玉为师。香菱拿了王维的诗，回到蘅芜苑后，什么事都不管了，在灯下一心念诗。宝钗催她睡觉，她也不睡。过了一天，香菱去黛玉那里换书，交流了读诗的心得。黛玉让她作一首关于月亮的诗，她一边苦思冥想作出了两句，一边读两首杜甫的诗，茶饭不思，坐立不安。第一首诗完成后，黛玉评论："意思是有了，但选用的词语欠佳，放开胆子再写一首。"香菱听了，连房门都不进去了，直接去了池边的树下，时而坐在山石上，时而蹲在地上抠土，来往的人看见了都十分惊讶。宝钗、宝玉等人都远远地站在山坡上看她，只见香菱一会儿皱眉头，一会儿微笑。宝钗说："这个人肯定'魔怔'了，昨晚自言自语地弄到了凌晨四五点钟才睡下，没过一顿饭的时间就起床了，忙忙碌碌梳洗了一下，又开始作诗。"过了一会，香菱兴冲冲地往黛玉那里跑去，可是，她写的诗又失败了。到了晚上，香菱看着灯出神，直到凌晨四五点钟刚睡去，只见她在梦中作诗说梦话，被宝钗叫醒。香菱马上把梦中得到的八句诗写下来，拿去给黛玉看。

拈轻怕重

接受工作时挑拣容易的、害怕繁重的。

你知道吗？

拈轻怕重这个成语中，第二个字"轻"和第四个字"重"是反义词，像这样的成语还有很多，比如：

开天辟地　取长补短　舍近求远
承上启下　口是心非　争先恐后

举个例子

不少的人对工作不负责任，拈轻怕重的，把重担子推给人家，自己挑轻的。

毛泽东《纪念白求恩》

巡山容易，看师父难

这天，唐僧师徒四人来到了一处险要的山地。孙悟空想去打探一番，可又放心不下唐僧，于是对猪八戒说："八戒，我们初来此地，现在有两件事情要做，一是去巡山，看看周围环境；二是要看守师父，保护师父安全。你选择其中一件事做吧！"

猪八戒可是个拈轻怕重的人，他想：看师父简单，就是陪师父在这里坐着，不需要东奔西跑。巡山多累呀，要不我就留下来保护师父吧！于是他把这个想法告诉了孙悟空。孙悟空说："看师父嘛，好啊！但是你要注意，师父要去上厕所，你就伺候着；师父要走路，你就扶着；师父要吃饭，你就得去化斋。师父要……"还没等孙悟空说完，八戒就急了："伺候师父这么麻烦呀，我还是去巡山吧！"孙悟空说："你要去巡山的话，只要到山里去问问这是什么山，有没有妖怪就行了！"

八戒一听，心想：这个简单，我还是挑这个轻松的活儿做吧！于是八戒就神气地巡山去了，可他走着走着，觉得乏了，又去睡大觉了。

这个八戒真是好吃懒做，拈轻怕重，小朋友们可千万不要学他哦！

[niǔ nie]

扭捏

　　也作"扭扭捏捏"，指行走时身体故意左右摇摆。也用于形容言谈举止不大方。

你知道吗？

　　"扭"和"捏"都是动词，"扭"一般指身体的某个部位，如手、头、腰等进行动作上的位移，比如扭腰、扭头等；也指用力量让物体改变之前的形状或状态，比如扭转、扭曲等。"捏"指用手将柔软的东西做成一定的形状，或用手指夹住、压扁某物，如捏泥人、捏住等；也可以代表抽象的意义，即创造某物、促成某事等，比如捏造、捏合。

举个例子

　　大圣收了金箍棒，整肃衣裳，扭捏作个斯文气象。

〔明〕吴承恩《西游记》第五十九回

路阻火焰山

这一天，师徒四人到了一个地方，寸草不生，热气蒸人，他们非常纳闷。这时只见路旁有座房子，唐僧就对孙悟空说："你去问问，为什么已经入秋，还这么热！"

孙大圣一听，赶紧收了金箍棒，整理衣裳，扭捏着装出斯文的派头去敲门。开门的是一个老者。孙大圣问："我们要去西天拜佛求经，路过这儿，敢问贵地叫什么名字？"老者说："这个地方叫火焰山，你们要去西天，可不行。因为这里是西方必经之路，有八百里火焰，四周寸草不生。想要过山，就是铜脑盖铁身躯，也要化成汁哩。"大家一听，大惊失色。

孙大圣急得抓耳挠腮，问："就没有什么法子吗？"老者说："有座翠云山，山上有个芭蕉洞，洞里有个铁扇公主，铁扇公主有一柄芭蕉扇，扇一下能熄火，扇两下能生风，扇三下能下雨……不过这座山离这儿有一千四百五六十里呢。"

孙大圣笑道："不打紧。"又叫了一声，"我去也！"说完就不见了。那老者惊奇地说道："爷爷呀！原来是腾云驾雾的神仙呀！"

劈叉

体操、武术等的一种动作，两腿向相反方向分开，臀部着地。

你知道吗？

"劈"是形声字，形旁是"刀"，声旁是"辟"。本义是破开、分割。"劈"多读作"pī"，如劈柴、劈头盖脸。此处读"pǐ"，意思是腿或手指等过分叉开。

举个例子

　　早川铃子一只脚足尖立起，另一只脚最大限度地劈叉举起，身体重心落在握住星枝的那只手上。

〔日〕川端康成《花的圆舞曲》

爱"吃苦"的小素秋

吴素秋是我国著名的京剧表演艺术家，她的代表作品有《孔雀东南飞》《二进宫》《苏小妹》等。

吴素秋自幼天资聪颖。因为儿时家贫，母亲无奈送她去学戏，拜当时著名武生赵盛璧为师。母亲临走时，眼中含着泪水对她说："小素秋，你一定要好好学，咱家就指望你能登台演出，赚钱吃饭了。"吴素秋坚定地点点头。

吴素秋身体弱小，刚去学艺时，大家都很不看好她，但是她小小的身体里却有一股子冲劲儿，从不服输。从拜师的那天起，吴素秋每天坚持下腰、压腿、劈叉，练习武生的基本技能。后来身体强壮些，就开始了户外练习，跑冰地、站竖砖、站缸边，寒来暑往，从不间断。师父看她刻苦上进，开始教她练习刀、枪、剑、戟等多种器械。因为她勤学苦练，武功扎实，所以七岁就能登台演出《石秀探庄》《白水滩》等武戏。

吴素秋成名之后，依然每天坚持练功。老年时，她登台唱戏仍精神头儿十足，健步如飞。

偏颇

偏于一方面,不公平。

你知道吗?

　　小读者们知道,很多跟"头"相关的字是"页"字旁,如:颊、颅、额等。那么,"偏颇"的"颇"字为什么也是"页"字旁呢?原来它的本义是头偏向身体的一侧,后来引申为不公正的意思。

篆文的"颇"

举个例子

青天明月不改色,历照过客无偏颇。

〔清〕黄景仁《贾礼耕用昌黎石鼓歌韵赠诗和赠》

邹忌讽齐王纳谏

战国时，有个美男子叫邹忌，他是齐威王的大臣。

一天早晨，邹忌穿戴好衣帽，照了一下镜子，对妻子说："我和城北徐公比，谁更美呢？"他的妻子说："徐公怎么能比得上您呢？"徐公可是齐国最美的男子。邹忌不信，就去问他的小妾。他的小妾说："徐公哪能比得上您呢？"第二天，有客人来访，邹忌也问同样的问题，客人回答："徐公不如您美。"

自己明明不如徐公美，可是为什么身边的人都说假话呢？聪明的邹忌想出了原因。

于是，他上朝拜见齐威王，给齐威王讲了这件事，然后说："我比不上徐公美，可我的妻子爱我，我的妾怕我，我的客人想求助于我，所以他们都认为我比徐公美。而大王呢，宫中的姬妾及身边的近臣，没有一个不偏爱大王的，朝中的大臣没有一个不惧怕大王的，全国范围内的百姓没有一个不有事想求助于大王的。由此看来，大王受到的蒙蔽更严重了！"

齐威王觉得很有道理，于是下令广开言路，采纳有用的建议，这样齐国就越来越强大了。

擎天柱

古代传说中能支撑住天的柱子，现多用来比喻能够支撑局面的重要人物或团体。

你知道吗？

"擎"的本义是举。苏轼的《赠刘景文》中的诗句"荷尽已无擎雨盖"，这个"擎"，就使用了本义。深秋时节，像一把遮雨的伞似的荷叶再也不像夏天那样亭亭玉立，已经凋谢了。

"擎"字由"举"的意思引申为支撑、承受等意思，比如擎天柱。

举个例子

今朝逼反擎天柱，稳助周家世世昌。

〔明〕许仲琳《封神演义》

燕青智扑"擎天柱"

任原，身长一丈，自称"擎天柱"。他在东岳庙摆擂台，两年未遇敌手，于是口出狂言："相扑世间无对手，争跤天下我为魁。"

"浪子"燕青听闻，对宋江说："我自幼跟着卢员外学相扑，江湖上不曾碰着对手，我要和他比试比试。"宋江说道："贤弟，听说那人身长一丈，约有千百斤气力，你这般瘦小身材，岂能赢他？"燕青回答："不怕他身材高大，只恐他不中圈套。常言道：相扑的有力使力，无力斗智。"

擂台两旁的观众排得像鱼鳞一般，屋脊上也都坐满了人。前面几回合燕青不动弹，后来趁机从任原的左胁、右胁下轻松穿过。几个回合之后，任原焦躁不安，但大汉转身终是不便，没换几步脚步就乱了。说时迟，那时快，燕青用右手扭住任原，探左手插入任原交裆，用肩胛顶住他胸脯，把任原直托起来，头重脚轻，借力旋转四五圈，旋到擂台边，叫一声："下去！"任原头在下，脚朝上，直撺下擂台来。这一扑，叫做鹁鸽旋，观众看了，齐声喝彩。

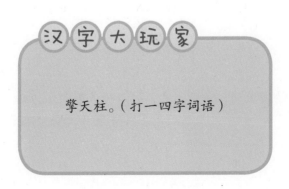

擎天柱。（打一四字词语）

曲水流觞

古代习俗，每年农历三月在弯曲的水流旁饮宴游乐。将酒杯放置水流中，酒杯漂流到谁面前，谁就取来喝，并吟诗作赋。

你知道吗？

觞，是古代的一种酒器。在汉字中，表示酒器（酒具）的字还有觚（gū）、觥（gōng）、觯（zhì）等。你们发现了吗，这些字中都有个"角"字旁，这是为什么呢？原来，在古时候，人们曾用兽角制成原始的盛酒器，用来饮酒。

举个例子

又有清流激湍，映带左右，引以为流觞曲水，列坐其次。

〔东晋〕王羲之《兰亭集序》

曲水流觞

沿着会稽山的山阴道向西南，便可来到兰亭。来游览兰亭的人，多是为着"书圣"王羲之而来，也为着《兰亭集序》而来。欣赏着《兰亭集序》这"天下第一行书"，人们仿佛看到了曲水流觞之景，听到了吟诗作赋之声……

东晋穆帝永和九年（公元353年），农历三月三日，天气晴朗，和风温暖，王羲之和谢安、孙绰等亲朋好友在兰亭清溪两旁席地而坐，将盛了酒的觞（古代的一种酒器）放在溪中，由上游浮水徐徐而下，经过弯弯曲曲的溪流，觞在谁的面前打转或停下，谁就即兴赋诗，作不出的便饮酒。众人酒兴俱浓，诗兴亦起，有十一人各成诗两篇，十五人各成诗一篇，十六人作不出诗，各罚酒三杯。

王羲之大喜，乘着酒兴，将大家的诗收集起来，挥毫作序，遂成《兰亭集序》。兰亭曲水流觞更是成为一段佳话，流传至今。

汉字大玩家

王羲之曲水流觞，吟诗咏赋，留下一段千古佳话。古时候人们还喜欢行酒令，吟诗歌，我们以"曲水流觞"中的"水"为主题词，邀请小伙伴一起来玩"飞花令"吧。

水						
	水					
		水				
			水			
				水		
					水	
						水

[róu rèn]

柔韧

柔软而有韧性。

你知道吗？

　　汉语中，有"同源字"这一说法，指的是语义相通（或相同）、发音相近的字。例如：柔、揉、媃、鞣，这几个字就属于同源字。从语义上说，它们都有柔软、柔弱、柔顺的意思；读音也相同，都读作"róu"。你们想探究一下这几个字各自的意义吗？不妨动手查查字典哦！

举个例子

　　秋风像一把柔韧的梳子，梳理着静静的团泊洼。

　　　　　　　　　　　　　郭小川《团泊洼的秋天》

杨班侯技压"雄县刘"

杨班侯是杨氏太极拳祖师杨露禅的次子，生于1837年。他从小在杨露禅的严厉管教下，苦练太极拳艺，功夫已达炉火纯青的境界，被称为"杨无敌"而享誉于北京。杨班侯相貌清瘦，学武悟性极高，腾挪跳跃，像猿猴一样，十分柔韧灵活。

相传在清光绪年间，杨班侯在端王府当太极拳教师。当时北京有一名叫"雄县刘"的武师，精于技击，体格魁梧，经常表演掌击大石，石随掌碎；用两个手指夹着数枚铜钱，奋力一捏，铜钱成碎粉，估计两臂力逾千斤。刘师傅亦在北京某王府中教拳，听到杨班侯被称为"杨无敌"，心存嫉妒，极不服气，于是上门找杨班侯定要比个高低。

杨班侯迫于无奈，伸出手臂放在桌上说："您有千斤力，如能拿住小弟的手臂不能动弹，当即认输。"刘师傅马上用力握住班侯的腕部，谁料杨班侯借力使力，手臂轻举，即将刘师傅两脚提离地面尺余，全身力气均用不上了。

刘师傅不服，爬起来向杨班侯额头猛击，杨班侯反应奇快，按住对方的手，将对方掷到阶下三四丈远。刘师傅面有愧色，没过几天，就带着弟子悄悄离开了北京城。自此，杨班侯的名声更响了。

[rù shǔ]

溽暑

夏天潮湿而闷热的气候。溽，湿润。

你知道吗？

东汉时期刘熙撰写的《释名》这本书里这样解释"暑"："暑，煮也。热如煮物也。"意思是夏天热得就像煮东西一样。

"溽"的本义就是盛夏潮湿而闷热的气候。儒家经典《礼记·月令》里有句话，"（季夏之月）土润溽暑，大雨时行"，就是说溽暑时节土地湿润，时不时就下一场大雨。

举个例子

燎沉香，消溽暑。鸟雀呼晴，侵晓窥檐语。

〔宋〕周邦彦《苏幕遮》

溽暑难耐

在古代，避暑降温的技术比较落后，因此闷热而潮湿的溽暑天气最是难熬。康熙皇帝十分怕热，曾多次表达溽暑难耐的感慨："夏季天热，懒于行走，朕于畅春园养身七十日，暑天不觉已过。"

康熙早年大多在紫禁城周边避暑，后来开始习惯于到京外园林，且会恭请太皇太后、皇太后等亲眷一起出京避暑。因此，避暑山庄的选址便显得尤为重要，既要有避暑功用，又不可耽误军政要务处理。经多方面权衡后，避暑胜地就选在承德。承德避暑山庄自然条件优越，空气清洁凉爽，适宜避暑；地处塞外却交通便利，可谓"章奏朝发夕至，往还无过两日"。康熙帝每年大约有半年时间要在承德度过，其朱批中写道："因朕在口外，未觉夏暑，气色甚好，勿为朕忧。"避暑之余，日理万机且与宫中无异。

由此，"出京避暑"已成为消溽暑的良策，后来的各位皇帝也大多效仿祖制，迁居避暑山庄以熬过溽暑时节。

【 shì nòng 】

侍弄

经营、照管庄稼、家禽、家畜等。后来也指摆弄、修理。

你知道吗？

"弄"，小篆写做"弄"，上面是"玉"，下面是"𦥑"，很像两只手的形状。玉是珍宝，两只手捧着玉赏玩是"弄"的本义；后来"弄"的词义扩大，也指玩耍、捉弄、从事、扮演、修饰。

 举个例子

赵玉林说："这地儿不薄！出粮，可是你得侍弄得好。"

周立波《暴风骤雨》

种庄稼的人生感悟

苏轼是北宋时期的大文豪，他才华横溢，乐观豁达。他曾经多次被贬官，有一次被贬到黄州，非常穷苦，幸好有朋友帮忙，把长江边一块荒地给他种，这才能够勉强维持一家的生活。

有一次，苏轼给即将上任的好朋友张琥写信，信中说：

"我侍弄庄稼这些年，发现富人的粮食不仅年年充足而且还有剩余，但是我家的粮食每年只勉强够吃。你知道这是为什么吗？因为富人的地又好又多，这样他们就可以让土地休息，不用年年都种满庄稼。土壤的肥力足，收成就好。但是，像我这样的人，家里人口多，土地又少又贫瘠，就想多种一点庄稼，好多一点收成。正是因为这样，我家的土地得不到休息，养分都被耗尽，所以收成就越来越差。

我们做学问也是这样，当你准备充足，就会发挥更大的作用。所以你一定要继续专心学习，博览群书，这样才能有所作为啊！"

【 shuǐ tǎ 】

哺乳动物，头部宽而扁，尾巴长，四肢粗短，趾间有蹼，毛褐色，密而柔软，有光泽。穴居在河边，昼伏夜出，善于游泳和潜水，吃鱼类和青蛙、水鸟等。

你知道吗？

"獭"是形声字，左中右结构。指的是几种水栖的食鱼鼬（yòu）科动物的任一种。水獭属国家二级保护动物，它游动的速度很快，每分钟可以游50多米，而且升降和转向十分灵活，紧急时还会像海豚一样在水面上跳跃。

举个例子

组长马贵手中的竹竿往上一扬，就要去打水獭，那水獭头一低，扑通一声又钻进了水里。

金光《龙潭》

水獭告状

水獭这位游泳健将，在清代章回体小说《施公案》中还是个热心肠呢。

当时，施公升堂刚入座，就见一奇怪的动物从办案的桌下爬出，并站起来朝他拱爪，口中乱叫。役使们看了，上前就要赶打。施公喝住役使，细看，原来是一只水獭。施公十分惊讶，心想："难道这动物也来告状？"于是大声说："水獭，你如有冤屈，点点头，引着公差去抓恶人。要是胡闹，我就打断你的筋！"说完，水獭竟拱爪点头。施公叫值日公差："你们领签，快跟这水獭去！"公差跟着水獭出衙去。

刚到门口，就见门外有俩人你嚷他扯，扯得这个脸上青紫，那个撕破衣襟。原来这俩人一个叫朱信，一个叫刘永。朱信是做小生意的，刘永是开钱铺的。朱信说自己到刘永的钱庄换好银两放在柜台上，碰到舅母聊了一会儿，回来取钱，刘永就不认账了。一个说是要赖，一个说是讹（é）诈，俩人就扭打成一团。这水獭看见，担心出人命，就闯进了公堂替他们告状来了。

唆使

指使或挑动别人去干坏事。

你知道吗？

　　古时候，没有"唆"这个字，而是用"嗾"（sǒu）。"嗾"是什么意思呢？它的本义是"使犬声"，就是指使唤狗的时候发出的声音；也有解释为"使唤狗去咬人的声音"，听起来是不是有点可怕？唆使的"唆"，字义就源于"嗾"。

举个例子

　　操笑曰："量汝是个医人，安敢下毒害我？必有人唆使你来。"
　　　　　　　　　　　　　　　　　〔明〕罗贯中《三国演义》

牧羊人的悲哀

一天，有个牧羊人在野外意外地发现了一只小狼崽，他想把它养大，教它偷别人家的羊，他就不用这么辛苦牧羊了。想到这些，牧羊人心里美滋滋的，于是就把狼崽带回了家。

时间一天天过去，在牧羊人的精心照料下，狼崽长成了一只真正的狼。它长着尖利的牙齿和闪闪发出绿光的眼睛。牧羊人觉得时机到了，就教唆狼如何去偷抢附近别人家的羊，并且不能让人们发现。

这只狼在主人的驯化下变得很聪明，也很听话。每次它都在夜深人静的时候轻轻地溜到别人家的羊圈里，用尖利的牙齿撕断羊的喉咙，然后把羊拖回主人的家。牧羊人尝到甜头之后，唆使狼去偷更多的羊。

在牧羊人的唆使下，狼的兽性大发，它把偷到的羊吃掉还不过瘾，连牧羊人的羊也不放过，最后还差点把牧羊人吃掉。牧羊人非常后悔自己对狼的教唆。

猜 字 谜

一字真奇妙，遇人争夸俏。
遇马能奔跑，遇立工程了。
遇水河道通，遇山登险峰。
千万别遇口，是非少不了。

（打一字）

【 tī jiàn zi 】

踢毽子

中国民间体育活动之一。毽子是用鸡毛插在圆形底座上做成的游戏器具，踢法很多，可比次数，也可比花样。

你知道吗？

古时候毽子是用鸡毛做的，所以"毽"的偏旁是"毛"。"毛"这个字是象形字，它的字形演变是这样的（如下图）。最初就是像一根羽毛的形状。

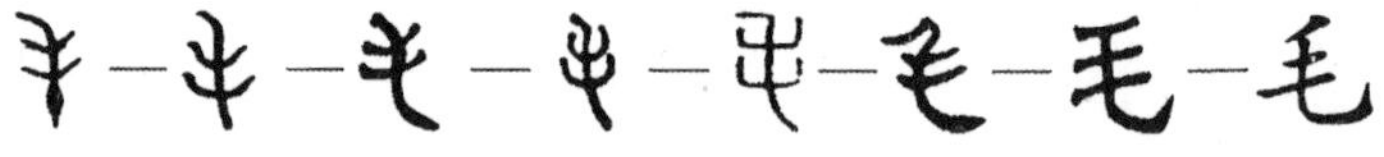

西周　西周　秦《说文》小篆　汉　汉　汉　楷书

举个例子

都门有专艺踢毽子者，手舞足蹈，不少停息，若首若面，若背若胸，团转相击，随其高下，动合机宜，不致坠落，亦博戏中之绝技矣。

〔清〕潘荣陛《帝京岁时纪胜·岁时杂戏》

佛陀收徒

　　魏晋南北朝时期，河南嵩山少林寺的祖师佛陀要度有缘人，一路走到了洛阳。途经天街，佛陀看到围观的百姓议论纷纷，觉得好生奇怪，于是也凑近了一看究竟。原来，一个十来岁的少年正站在井栏上用脚外侧反踢毽子。这个少年才十二岁。只见，毽子在少年的脚上弹起，划过一道弧线后又稳稳当当地停落在脚背上。紧接着，他又猛地一脚将毽子踢向空中，刹那间以脚掌接住毽子。喝彩声四起未绝时，又见其轻轻地一翻脚腕，那毽子再次飞向空中，顺着弹力高高跃起。在少年的脚上，毽子忽上忽下，忽左忽右，令人眼花缭乱。

　　就这样，少年一连踢了五百下而不落。观众拊掌大声叫好，各个赞不绝口："厉害啊！""真绝了！"佛陀见此情景，心想："这孩子脚上功夫了得。在踢毽子上能有所长，从事佛法钻研应该也没有问题。"于是，少年当即被佛陀收为徒弟。

　　到了魏末齐初，这个曾经善踢毽子的少年已经成为一代高僧——慧光法师。慧光法师被后人尊称为"宗之元匠""禅学之名僧"。

[yā pǔ]

鸭蹼

鸭子脚趾中间的薄膜，用来拨水。

你知道吗？

一些水栖动物或有水栖习惯的动物，脚趾间都有蹼，比如蛙、龟、雁、鸥等。人类潜水用的脚蹼，就是仿照动物的蹼，用橡胶或塑料压制而成，戴在脚上，用来增加拨水的力量。

举个例子

鸡爪、鸭蹼与鹅掌踏过地面的声音，翅膀拍击气流发出的声音，像秋风横扫荒林，渐渐朝这边滚滚地响动过来。

曹文轩《草房子》

苏轼与惠崇

北宋时期，有一位僧人叫惠崇，他才华横溢，擅长写诗、作画。当时有九位僧人都因为擅长诗、画而出名，被合称为"九僧"，而惠崇被推为九僧之首。

惠崇圆寂后二十年，另一位才华横溢的大文豪诞生了，那就是苏轼，他不仅擅长作诗、作画，书法、文章也很好，是一位旷古烁今的全才。

这两位人生没有交集的大才子，却因为一幅画永远地联系在了一起。苏轼在常州为官期间常到江阴办事，访亲探友。有一次，他在江阴探友时见到了惠崇的一幅画：春日的江边，桃花初放，三三两两，水面上，野鸭互相追逐，时而潜水捉鱼，时而用鸭蹼拨水。这样充满生机的画面引得苏轼诗兴大发，于是他写下了流传千古的名诗：

竹外桃花三两枝，春江水暖鸭先知。

蒌蒿满地芦芽短，正是河豚欲上时。

这真是"诗中有画，画中有诗"呀！这首《惠崇＜春江晚景＞》也成了苏轼最为知名的题画诗。

伪造的文物或艺术品。

你知道吗？

　　人们常把"赝"误写为"赝"，其实可以借助读音来帮助记忆，从而避免犯此错误。"赝"是个形声字，形旁"贝"表示与价值有关；声旁"雁"使得"赝"读作 yàn。而"雁"这个字部读作"yīng"，以它为偏旁的字一般要读作"yīng"，比如：鹰、膺。"雁"和"雁"可是完全不同的。另外，"赝"这个字其实是错字，现代汉语中并没有"赝"字，可不要再写错啦！

举个例子

　　至于拓片两包，是都收到的，"君车"画像确系赝品，似用砖翻刻，连簠（fǔ）斋印也是假的。

鲁迅《书信集·致台静农》

画了20年的赝品

从前有一位书画大师，技术精湛，作品被多人模仿。有一天，大师去古玩市场闲逛，看到了模仿自己的画。这些画单从画面效果来看，跟大师的真迹难分伯仲，甚至一些传神的细节，比大师的原画处理得更细致。仁慈且宽厚的大师打算去见见那位高仿画师。大师心想，凭此高仿画的水平，只要对他稍微给予点拨，日后必成大器。

几经周折，大师终于找到那人。他是大师的同乡，以专仿大师的某一幅画名扬京城，已有20年。大师对赝品制作非常反感，但怜悯他生活不易，又是同乡，不但没有指责，反而赠他钱粮。临别，大师问仿画者："我能进你的画室看看吗？"得到允许后，大师进入画室，只见满室都是大师那幅画的赝品，而大师的真迹，则悬于画室正中的墙壁上。难道此人20年都在仿此画？大师满腹疑问，问仿画者："你还能画我其他的作品吗？"答："不能！"大师非常遗憾地离开，并且感慨不已，仿画者完全可以不画赝品自己创作呀，太可惜了！

汉字大玩家

火眼金睛辨真赝

赝 鹰 膺

1. 宁愿做朴素不为人知的真品也不做外表光鲜华丽的（　）品。

2. 苍（　）翱翔于大地之上，有着王者风范。

3. 听到那些无耻的卖国言论，同学们个个义愤填（　），怒不可遏。

【 yíng rào 】

萦绕

回旋往复，曲折环绕。

你知道吗?

　　"萦"的下面是"糸（mì）"，这个"糸"是细丝的意思，"萦"的本义是像细丝那样回旋缠绕。我们可以说藤蔓萦绕着树木，还可以说清澈的溪水萦绕着山峦。除了指具体的东西环绕于其他物体外，萦绕还可以形容歌声、回忆、想法等这种抽象事物的旋转、回复，比如说忧伤萦绕在心头。

 举个例子

　　草堂三间，户外骈（pián）植花竹，泉石萦绕。

〔唐〕牛僧孺《玄怪录·张佐》

余音绕梁

传说在战国时期，有一个名叫韩娥的女子，她从韩国千里迢迢来到了齐国。当她跨进齐国城门的时候，口袋里一分钱也没有了。她又累又饿，实在走不动了，就瘫坐在一棵老树下的石板上。韩娥一边望着街上来往的人群，一边想：好累呀，这时候要是有吃的该多好哇！

突然，韩娥想出一个好办法——她走上街头，唱起了歌。

"这声音真好听啊！"

"多美的歌声呀！是谁在唱啊？"

"太妙了，像是天上传来的声音！"

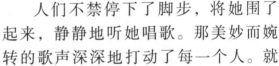

人们不禁停下了脚步，将她围了起来，静静地听她唱歌。那美妙而婉转的歌声深深地打动了每一个人。就 这样，她以卖唱的方式换来了食物。

演出结束后，韩娥就离开了。但是她的歌声实在太动听了，此后三天，余音还在城门的横梁间萦绕。于是人们就齐聚在城门口，久久不愿离去。

攥紧

用手握紧。攥，握。

你知道吗？

　　"攥"是手部的动作，所以形旁是"扌"（手）。右边"纂"是声旁。"纂"这个字很复杂，可以分成上下两个部分来记，上面是"算"，下面是"糸"。"紧"字的形旁也是"糸"，本义与丝绳有关，指丝绳在拉力作用下呈现出的紧张状态。

举个例子

　　（凤姐）便探身一把攥了这孩子的手，叫他身旁坐下。

〔清〕曹雪芹《红楼梦》

101

拳 夫 人

相传距今约两千多年前，汉武帝来到武垣（现在的河北省肃宁县）巡视，看中了武垣城内一位漂亮的赵氏姑娘。姑娘亭亭玉立，美艳动人，一双眸子顾盼生辉，而且歌唱得动听，舞跳得婀娜。但令人奇怪的是她双手紧握成拳头，从生下来就没有打开过，别人怎么用力都掰不开。

汉武帝惊叹于她的美貌，好奇于她紧攥的拳头。他轻轻握着赵姑娘的手，想掰开她的拳头。奇迹出现了！汉武帝没用多大力气，姑娘的双手就伸展开了。最令人称奇的是，她的右手心里竟然有一枚小小的玉钩！从来不曾打开的拳头，今天被自己轻易地就打开了，里面竟然还有宝物——汉武帝大喜，就把姑娘带回宫中。

入宫以后，赵氏姑娘得到了汉武帝的宠爱。汉武帝耗费巨资专门为她修建钩弋宫，并封为婕好，人称钩弋夫人，也叫拳夫人。

[bì qù]

滗去

挡住渣滓或泡着的东西，把液体倒出。

你知道吗？

　　"滗"的意思和"倒"相近，都是把物体倒出。不同之处在于"倒"是反转或倾斜容器使里面的东西出来，如：倒水、倒茶。"滗"则是倒掉水，只留容器里的残渣或固体，如：滗米汤、滗汤药。

举个例子

　　勤看，待水澄清去盖，慢慢滗去清水。

〔明〕高濂《遵生八笺》

东 坡 肉

东坡肉，皮薄肉嫩，色泽红亮，味醇汁浓，油而不腻，堪称色、香、味俱全，一直以来深受人们的喜爱。它是以北宋著名诗人、"唐宋八大家"之一苏东坡的名字命名的。苏东坡不但写诗作词是一绝，在书法、绘画上有很深的造诣，而且对美食也颇有研究。

据传，苏东坡在杭州做刺史的时候，发动民众疏浚（jùn）河道，治理西湖。第二年，杭州附近的田地都获得了大丰收。老百姓为了感谢他，听说他喜欢吃红烧肉，春节时都不约而同地上门送猪肉。苏东坡推辞不掉，就叫家人将肉洗净，滗去水，切成方块，加调料和酒，用他的烹调方法煨制成红烧肉，然后再按治理西湖的民工花名册，每家一块，回赠百姓。大家吃后，都觉得这红烧肉入口酥烂而形不碎，回味香糯而不腻口，吃的人无不称奇，于是都亲切地称之为"东坡肉"。

到了现在，东坡肉已成为杭州的一道名菜，也是中外闻名的传统佳肴。

[bú chì]

不 啻

不仅、何止，无异于、如同，不如、比不上。

你知道吗？

"啻"通常和一些表示否定或者疑问的字组成词语，如"不啻""何啻"等，在句子中起到连接或者比较的作用。"不啻"随着语言环境的不同，有不同的意思。比如周而复在《上海的早晨》中写道："唐仲笙这么一说，不啻迎头给江菊霞泼了一盆冷水。"在这里"不啻"是如同的意思。下面这个例子中"不啻太半"，"不啻"是何止的意思。

举个例子

四垂之人，肝脑涂地，死亡之数，不啻太半。

〔南朝〕范晔《后汉书·冯衍传》

比宝玉还珍贵的蟋蟀

明朝年间，皇宫里流行斗蟋蟀。为了保证有更多优质的蟋蟀进贡到宫里，地方官员把交蟋蟀这个任务分配给百姓。如果哪一家无法按时上交合格的蟋蟀，就要拿钱抵扣，许多百姓被逼得家破人亡。

一个叫成名的老实人，每天早出晚归，提着竹筒子，在破墙脚下、荒草丛里挖石头，掏大洞，用尽各种办法，都没有抓到优质的蟋蟀。因为没有准时交出合格的蟋蟀，成名在十几天里被打了上百个板子，两条腿鲜血淋漓。他的妻子就去向巫婆求助，在巫婆的指引下，成名在村东的大佛阁后面抓到了一只极其优质的蟋蟀。成名用笼子装上提回家，全家庆贺，就好像价值连城的宝玉都不如（不啻）它来得珍贵。他们把蟋蟀装在盆子里，用蟹肉、栗子粉喂养，呵护备至，只等期限到了，就可以送到县里去交差。

成名的儿子对这只蟋蟀十分好奇，不小心把这只救命的蟋蟀弄死了。妻子怒斥儿子，儿子因为害怕投井自杀。后来，为了挽救全家人的性命，儿子的魂魄化成了一只勇猛善斗的蟋蟀，献给了皇帝，地方官员和成名因此获得了丰厚的赏赐。这个故事来自《聊斋志异》中的《促织》。

【 chán ruò 】

身体瘦小虚弱，或者性格软弱，缺乏能力。

你知道吗？

　　"孱"字形演变（如下图），像是一个妇人生下三个孩子，因此"孱"字的造字本义就是多胞胎因营养不良而虚弱不堪。

西周　　说文《小篆》　楷书

举个例子

　　他的身体，本来孱弱，在日本的时期还不曾表现过肺结核的征候，据说是到了最近，才吐起血来的。

郭沫若《落叶》

刘云樵习武

近代著名的八极拳师刘云樵，出生于官宦世家，父亲和伯伯都是学识渊博且身手了得的人，都曾入保定陆军军官学校学习。1909 年二月初八，刘云樵呱呱坠地，在他之前本有两个姐姐，但是都因身体孱弱而不幸早逝，现在一家人终于盼来了新的希望。但是刘云樵也是自幼孱弱，腹大如鼓，让一家人非常担忧。

刘云樵的父亲想方设法让孱弱的刘云樵变得强健。一开始他找了师傅给刘云樵推拿，再慢慢地带着他运动。刘云樵身体健壮了一些后，开始练习太祖长拳，有时还会父子同练。刘云樵的父亲说："云樵，你长大之后也不必做官发财，只要你把身体养好，延续咱们刘家的香火，历代祖宗都会感激你的恩啊！"刘云樵很理解父亲的心情，刻苦锻炼，体魄日益强健。最后，刘云樵走上了习武之路，致力于正统中华武术的传承和宣扬，成为武坛一代名师。

关于"孱"的词语

懦弱的人——孱夫　　懦弱的君王——孱王

瘦弱的身体——孱质　　衰弱的身躯——孱躯

[fā diǎ]

发 嗲

撒娇。

你知道吗？

　　"嗲"是上海一带的方言，形容撒娇的声音或姿态。如娇声嗲气。"嗲"还有出色、好的意思。如说一个人球打得好，可以说："你的球打得真嗲！"随着语气的改变，"嗲"的含义也会发生很大的变化。如一个人看不惯另一个人的身形、仪态，就可能说："你看你嗲的喽。"

举 个 例 子

　　阿巧姐在旁边作出蹙（cù）眉不胜，用那种苏州女人最令人心醉的发嗲的神情说："闲话多是多得来！"

高阳《胡雪岩》

空 城 计

汉献帝兴平二年（公元 195 年），曹操和吕布在兖（yǎn）州大战。

这年夏天，曹操的部队出城去收麦子，正赶上吕布带万余人打了过来。曹营里只有千人，哪里守得住？情急之下，曹操把他的随军家属全都派到城墙上去站岗。

这下却把吕布吓着了，他从来没见过这种阵势，城垒上莺歌燕舞、娇声嗲气……吕布心中冷笑，曹军的防御形同虚设，竟然让女人们上去守墙垛。再仔细一看，城墙外面有片幽深茂密的树林，是伏兵的好地方。吕布转念一想，对手下说："曹操生性狡猾，肯定有什么计策，咱们小心别中了埋伏。"于是他命令部下撤退。

第二天，吕布回过神儿来，赶紧带人马又杀了回去。这时曹操料到吕布知道上次上当了，今天肯定会下令进攻，就早已在树林里布下了伏兵……果不其然，吕布中计，大败而逃，放弃了兖州。

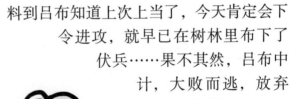

【 gōng jié 】

揭发别人的过失或阴私而加以攻击。

10

你知道吗?

"攻"本来的意思是进攻、攻击。"易守难攻"这个成语里,包含了两组相反的词,你能猜出是哪两组吗?

篆文的"攻"

举个例子

或者他们还要在你面前互相攻讦,讨你的欢喜。

茅盾《一个女性》

耿直的范仲淹

范仲淹，是"唐宋八大家"之一，他写的《岳阳楼记》很多小读者都知道。

范仲淹也是一个大官，他性格耿直，经常会得罪一些有权有势的人。比如，宰相吕夷简是个用人唯亲的人，就是说他选拔人才不看对方的能力，只看和自己的关系怎么样。范仲淹很看不惯，就当着吕夷简的面，说："你这样做，会坏了天下。"

吕夷简听了这话，立刻眉头紧锁，灰白的胡子一颤一颤，脸涨得通红。他指着范仲淹斥责道："你这么做，是在君臣之间挑拨离间。"

范仲淹得罪了宰相，可没有好果子吃。不久他被安插了一个罪名，贬到了外地。即使被贬，范仲淹依然不改自己忠于国家、坚贞不屈的人格，就如他在《岳阳楼记》中说的那句："居庙堂之高则忧其民，处江湖之远则忧其君。"

汉字大玩家

"攻"除了和"讦"交朋友，还能和哪些字交朋友呢？请根据左侧的释义在右侧写出含有"攻"字的词语。

攻打关口（　　　　　）

努力读书或钻研某一门学问（　　　　　）

开展工作或发展事业的谋略、策略（　　　　　）

齑、粉均呈碎末状，比喻粉碎的东西。

你知道吗？

"齑"篆文""，其中"韭"是"韭"，"韭"表示韭菜，"齑"最本来的意思是指捣碎的姜、蒜或韭菜碎末儿，古人用这些东西来调味，相当于现在的辣椒粉、胡椒粉、十三香之类的调料。唐代韩愈的《送穷文》中"太学四年，朝齑暮盐"的"齑"用的就是本义。后来由本义再引申出细碎的意思。

举个例子

如果不把蔡文姬送回，曹丞相的大兵一到，你要立地化为齑粉！

郭沫若《蔡文姬》第二幕

范仲淹划粥割齑

范仲淹的幼年很不幸，不到三岁父亲就
因病而亡。无力上学的他常去附近山上的
醴（lǐ）泉寺昼夜苦读。他的生活极其艰
苦，每天只煮一锅粥，等它凝成冻子
后，用刀划成四块，早晚各取
两块和切成细末的咸菜一
起吃，吃完继续读书。

一天，范仲淹正在
吃饭，他的好友来看
望他，见他如此苦读，
于心不忍，便拿出钱来
让他改善一下伙食。范仲淹十
分坚决地推辞了。他的朋友没办法，第二天
送来许多美味佳肴，范仲淹才接受了。

过了几天，他的朋友又来拜访，发现他上次送来的佳肴都变质
发霉了，范仲淹根本动也没动。朋友不高兴地说："仲淹兄，你也太
清高了，一点吃的东西都不肯接受，真是太让我伤心了！"范仲淹
笑了笑说："老兄误解了，我不是不吃，而是不敢吃。我担心自己吃
了鱼肉之后，咽不下粥和咸菜。你的好意我心领了，你千万别生气。"
朋友听了范仲淹的话，更加佩服他的人品高尚。

范仲淹正是凭着"划粥割齑"这股苦读的劲头，成了我国历史
上杰出的文学家和政治家。

[kuī sì]

窥伺

暗中观察或者监视。

你知道吗？

"窥"是"穴"字头。我们知道"穴"是指山洞，当人在山洞中朝外看时，因为洞口不大，所以人的视野不够宽广，往往只能看到一小部分景物。因此许慎在《说文解字》中对"窥"的解释为："窥，小视也。"意思是从小孔洞或者一些视野较窄的地方往外看。

举个例子

在确实没有人窥伺她的时候，她在房中练台步，眼观鼻，鼻观心，走一条直线。

徐迟《牡丹》

偷学种树

　　从前，有个叫郭橐（tuó）驼的人，他以种树为生。他种树的本领非常高超，树木在他的培育下，都长得高大雄伟、枝繁叶茂。村里其他种树的人都羡慕不已，于是，他们天天窥伺郭橐驼的一举一动，并效仿他的样子来种树，可种出来的树还是比不上他。村民们百思不得其解，于是就来问他种树种得好的原因。

　　郭橐驼回答道："我只是顺应树木的天性而已。栽树的时候，我会小心翼翼地把树根弄舒展，然后将土一层又一层轻轻地盖上去，最后把土压实。栽种完之后，我便不再管它。而你们种树却正好相反，栽种的时候马马虎虎的，种完了又三天两头地过来看它、摸它、摇它，甚至掐破树皮来看它的生长情况。这样种树，违反了树木生长的自然规律，怎么能种好呢？"村民们听了恍然大悟。

[sháo huá]

韶华

美好的时光。常指春光，也比喻美好的青年时光。

你知道吗？

　　"韶"是个形声字，形旁是"音"，本义是传说中虞舜时代的乐曲名。《论语》中说："子在齐闻《韶》，三月不知肉味。"意思是孔子在齐国欣赏到了美妙的《韶》乐，以至于事后很久连肉的滋味都忘了。以此来形容音乐的优美绝伦。"韶"后来引申为美好的意思。"韶华"指美好的时光，又指青年时期美好的年华。宋代词人秦观在《江城子》词中写道："韶华不为少年留，恨悠悠，几时休。"告诉人们要珍惜美好的青年时光。

举个例子

　　东皇去后韶华尽，老圃寒香别有秋。

〔唐〕戴叔伦《暮春感怀》

韶华不为少年留

北宋著名才子秦观，喜欢写诗、对对联。民间传说秦观娶了苏东坡的妹妹——苏小妹。这个苏小妹是个非常聪明、文思敏捷的女子。

一次，苏小妹写了四句诗考秦观："强爷胜主有施为，凿壁偷光夜读书。缝线路中常忆母，老翁终日倚门间。"秦观看罢，知道这首诗是猜四个人名，于是拿笔将谜底一一注明：第一句"孙权"，第二句"孔明"，第三句"子思"，第四句"太公望"。

又一次，苏小妹看到月亮挂在空中，就出了一个上联"双手推出门前月"，让夫君秦观对出下联。这可难倒了大才子秦观，他左思右想，抓耳挠腮，一时间就是对不出。这个时候，路过的苏东坡看见了，他微微一笑，随手从地上捡起一块石子，朝水池投去。"噗通"一声，池中月影散乱。秦观一拍脑门，大声说道："一石惊破水中天。"

后来，秦观非常怀念这段和苏小妹相处的岁月，他曾经写下"韶华不为少年留，恨悠悠，几时休"的诗句，感慨时间过得快，要珍惜相逢、相聚的美好时光。

一语成谶

一句不吉利的预言被说中了。

你知道吗？

有趣的汉字王国② 汉字风云会

　　"谶"是上古时代巫师们占卜时说的话，后来秦汉时期的巫师用它作为编造预示吉凶的暗语。西汉末年，社会上出现了一种神秘的书。这些书记录了一些神秘的暗语或预言，人们把它们当成神向世人预告吉凶祸福、治乱兴衰的启示。这样的书被称为谶书，由于宣扬迷信的谶书中往往有图有文，所以也叫图谶。

举个例子

　　妹妹小时候，家里就常常开玩笑，说她出生时脸朝下，背朝上，是要死在娘家的，所以哥哥总担心这一语成谶。

钱钟书《围城》

亡秦者，胡也

秦始皇统一六国后，开始追求长生不老的方法。有一次，他派了一个名叫卢生的方士去拜访仙人，求取长生之术。卢生为了交差，就欺骗秦始皇说自己从海中得到了一本宝书。秦始皇很高兴，接过书，只见里面写着五个大字——"亡秦者胡也"。他当场就愣住了，心想："胡"不就是匈奴吗？我昨晚还梦见胡人来攻打我大秦，没想到今天就得到了这本宝书的指点，实在太幸运了！于是，秦始皇便派大军征讨匈奴，又修建了万里长城，防范匈奴。在他看来，这下终于没有后患，高枕无忧了。

公元前 210 年，秦始皇在一次东巡的路上突然死了。接着，奸臣赵高与李斯害死了太子扶苏，将秦始皇的小儿子胡亥推上了皇位。可是，自从这个秦二世胡亥上台以后，秦朝的暴政更加严重了。不久，秦朝就灭亡了。

"亡秦者，胡也"，一语成谶。只是秦始皇怎么也没想到，这个使秦王朝灭亡的人并不是他认为的胡人（匈奴），而是自己的儿子胡亥。

【 xíng miàn 】

饧面

指将和好的面，在进一步加工或烹饪前静置一段时间，使得和好的面更易加工，做出的面点更加筋道、柔软，口感也更加细腻和顺滑，这个过程就叫作饧面。

你知道吗？

"饧"是形声字，左形右声。本指用麦芽或谷芽熬成的饴糖。宋代词人李彭老《浪淘沙》有句："泼火雨初晴。草色青青。傍檐垂柳卖春饧。"描绘了一幅清明时节雨后，小贩挑担在屋檐下垂柳旁叫卖饴糖的画面。"饧"用作动词时，指让糖块、面剂子等变软。如：糖饧了了。"饧"和"汤"都和食物有关，但形旁不同，意思也不同，不要混淆哦。

举个例子

一大早，仙草就在厨房里忙活，和面、饧面、擀面、切臊子、炒臊子、剁辣子。

陈忠实《白鹿原》

伙夫饧面

相传，三国时期，刘备、关羽和张飞三人桃园结义，驻守在颍（yǐng）州（今河南新野一带），想拯救天下百姓于水火之中，共图大业。

一天，全军休息，伙夫为全军将士做了面条。张飞吃了面条后，却大发雷霆，把伙夫长叫来大骂一顿。原来张飞嫌做的面条不筋道、汤卤清淡无味。伙夫长被训斥之后，也是一肚子的怒火，但没处发泄，便将案板上的各种食材一股脑全部扔到油锅中，之后还不解气，面案上的面拿起来就摔，不停地揉。这时正巧他手下的伙

夫有事要向他汇报，他就将面团搁在一旁。等他处理完事情，已经是十几分钟过去了，伙夫长回到灶前，发现扔在油锅中的食材散发出让人欲罢不能的香味。

此时，张飞饿得紧，让伙夫赶紧下面。伙夫长将错就错，将十几分钟之前摔过的、揉过的面团迅速制成面条，做好后便将油锅中的食材制卤，浇入面中，给张飞送去。谁想，张飞吃后却大加赞赏，说这面条十分筋道，口感顺滑，堪称美味。

附录:

"汉字大玩家"参考答案

P5　伯　拍　柏　泊　百

P7　促膝长谈　一蹴而就　花团锦簇　疾首蹙额

P9　哑然失笑　怡然自得　跃然纸上　黯然失色　嫣然一笑　油然而生　勃然大怒　酣然入梦

P11　急就章　索超　急

P13　拢　笼　拢　笼

P17　煤

P23　人来人往　人山人海　十全十美　古色古香

P39　丁

P53　犁　牧　驶　驾　善　祥

P79　顶天立地

P81　水光潋滟晴方好　江水流春去欲尽　蜀江水碧蜀山青　春江潮水连海平　花自飘零水自流　为有源头活水来　天阶夜色凉如水

P91　燊

P97　赝　鹰　膺

P111　攻关　攻读　攻略

图书在版编目（CIP）数据

汉字风云会　有趣的汉字王国. ②/《汉字风云会》
栏目组编著；关正文总策划. －福州：福建教育出版社，
2018.1（2019.2重印）
ISBN 978-7-5334-7909-1

Ⅰ.①汉…　Ⅱ.①汉…　②关…　Ⅲ.①汉字－通俗读
物　Ⅳ.①H12-49

中国版本图书馆 CIP 数据核字（2017）第 264160 号

Hanzi Fengyunhui Youqu de Hanzi Wangguo

汉字风云会　有趣的汉字王国②

《汉字风云会》栏目组　编著

关正文　总策划

出版发行 **福建教育出版社**
　　　　　（福州市梦山路 27 号　邮编：350025　网址：www.fep.com.cn
　　　　　编辑部电话：0591－83779650
　　　　　发行部电话：0591－83721876　87115073　010－62027445）
出 版 人 江金辉
印　　刷 福州华彩印务有限公司
　　　　　（福州市福兴投资区后屿路 6 号　邮编：350014）
开　　本 710 毫米×1000 毫米　1/16
印　　张 8.25
字　　数 119 千字
版　　次 2018 年 1 月第 1 版　2019 年 2 月第 3 次印刷
书　　号 ISBN 978-7-5334-7909-1
定　　价 25.00 元

如发现本书印装质量问题，请向本社出版科（电话：0591－83726019）调换。